나는 성공할 사장인가

□ 직원에게 주는 월급은 지출이 아니라 회사의
수입을 나누는 것이라고 생각한다.

□ 무엇보다 직원 복지에 공을 들인다.

□ 직원의 눈치를 보지 않는다.

□ 독재자라 불릴 정도로 회사의 일을 주도한다.

□ 한번 내린 결정에 얽매이지 않는다.

□ 직원에게 내린 지시를 확인하고 수시로 반복한다.

□ 한 달에 한두번 이상은 자신만의 시간을 갖는다,

□ 결정을 내릴 때 회사의 장래를 내다보며 결단한다.

□ 거래처를 수시로 방문한다.

□ 오늘 할 일은 반드시 끝낸다.

□ 연락 받고 보고 받고 상담하는 일을 중시한다.

□ 필요한 데 돈을 쓸 줄 안다.

□ 점잔 빼는 태도는 망하는 태도라고 생각한다.

□ 생각하면 바로 행동에 돌입하는 스타일이다.

□ 영업부를 최우선 부서라고 생각한다.

□ 창업 첫 3년은 재무제표가 그리 중요하지 않다고
생각한다.

□ 주요 거래처가 한순간에 사라질 수 있다는
위기의식을 갖고 있다.

☑ 그렇다고 생각하는 곳에 체크하세요!

나는 성공할 사장인가

- ☐ 부채도 자산이라는 생각을 갖고 있다.
- ☐ 성장을 위해선 어느 한 시기에 적자도 감수할 수 있다고 생각한다.
- ☐ 절세가 매출이란 생각으로 세금관리에 철저하다.
- ☐ 작은 회사에도 좋은 인재가 들어올 수 있다는 생각을 한다.
- ☐ 직원들이 사장을 신뢰하고 있다고 생각한다.
- ☐ 인재가 가장 든든하고 확실한 자산이라고 생각한다.
- ☐ 직원에게 믿고 일을 맡길 수 있다.
- ☐ 직원들의 쌓인 불만을 인지하고 대화를 통해 해결하는 습관이 있다.
- ☐ 직원들에게 적절하게 칭찬할 수 있다.
- ☐ 직원들에게 사장의 뜻을 제대로 전달하고 있다.
- ☐ 회식 때 회사 업무 얘기는 하지 않는 게 방침이다.
- ☐ 부적절한 직원을 해고하면서도 조직의 동요가 없다.
- ☐ 돈을 못 버는 사장은 쓸모없다는 생각이 뼈에 박혀 있다.

작은 회사의 **경영노하우**는 따로 있다

이시노 세이이치 지음
김상헌 옮김

10인 이하
회사를
경영하는 법

페이퍼로드
paperroad

차례

제2장
작은 회사는
어떻게 해야 돈을 벌 수 있는가

제3장
작은 회사에서는
사람을 어떻게 관리해야 하는가

성공 사장 자가진단 테스트 결과

☑25개 ↑   당신은 **강한 사장**입니다.
             회사가 지금보다 **10배 이상 성장**할 것입니다.

☑20개 ↑   **사장**의 **자질이 좋습니다.**
             조금만 더 노력하면 **탄탄한 회사**를
             키울 수 있습니다.

☑15개 ↑   조금 **미흡**하지만 가능성은 남아 있습니다.
             분발해서 **직원들과 함께** 회사를 키우세요.

☑10개 ↓   유감스럽지만 당신에겐
             사장의 **자질이 많이 부족하네요.**

머리말
작은 회사의 경영 방식은 따로 있다

나는 작은 회사 세 개를 경영한다.

하나는 제조업으로 정직원 19명에 아르바이트 · 파트타임 직원이 18명이다. 연간 매출액은 9억 엔.

그다음은 운송업(창고배달 · 출하회사)으로 정직원 5명에 파트타임 직원이 18명이다. 연간 매출액은 1억 엔 정도다.

나머지 하나는 학원으로 정직원 2명에 아르바이트, 파트타임 직원이 8명으로 연간 매출액은 5천만 엔이다. 모두 작은 회사다.

도대체 작은 회사란 어느 정도 규모를 가진 회사를 말하는 것일까. 경영 명저, 『이익은 반드시 세 배로 된다』에서 저자인 도모에 데루유키 씨는 "종업원 100명 정도의 소기업에서는……"이라고 표현한 바 있다.

유통업 경영 전문가인 도모에 씨의 지도 아래 '세계 최고의 효율을 자랑하는 슈퍼마켓' 등 우량 기업이 다수 탄생했다. 그의 기준으로 볼 때 직원 100명 정도의 기업은 '소기업'이다.

이 책의 일본어판 표지 디자인을 담당한 다이라 마사시 씨는 직원 4명의 디자인 사무실의 디자이너다. 그는 진지한 얼굴로, 정직원이 10명인 회사에 대해 이렇게 말한다.

"결코 작은 회사는 아니지요. 작은 회사란 우리 회사와 같은 직원 수를 가진 회사를 말하지요."

이처럼 사람에 따라 작은 회사인가, 큰 회사인가를 재는 '기준'은 다르다. '기준'은 다르지만, 작은 회사의 경영을 이야기하기 위해서는 역시 작은 회사의 개념을 명확히 해두어야 한다.

종업원이 4명이든, 100명이든 소기업이다. 개념이야 어떻든, 경영이라는 차원에서 보면 운영 방식이 크게 달라져야 하는 분기점이 되는 회사의 규모가 있다고 생각한다. 그 규모가 바로 '직원 10명'이다.

'크리티컬 일레븐critical eleven'이라는 말이 있다. 말 그대로 번역하면 '위험한 11'이라는 뜻이다. 비행기 사고의 태반은 이륙해서 11분 이내, 착륙 11분 전에 발생한다. 이착륙 11분 전후에 엔진을 비롯한 모든 기계가 정상적으로 작동하지 않을 수도 있어서 조종사도 항공관제탑도 바짝 긴장한다.

나는 10보다 하나 더 많은 숫자지만 이 '위험한 11'이라는 의미가 회사 경영에도 꼭 들어맞는다고 생각한다. 말하자면 작은 회사가 큰 회사로 성장하느냐, 그렇지 못하느냐의 분기점이 직원 '10명' 안팎의 규모가 되었을 때라고 생각하기 때문이다.

무릇 회사라는 이름을 붙이고 벌이는 사업에는 세 가지 유형이 있다.

- 돈을 버는 일과는 상관없이 단지 좋아서 하는 사업
- 가족 회사로 타인을 거의 고용하지 않는 기업으로서의 사업
- 사업으로서의 회사, 즉 비즈니스로서의 회사로 타인을 고용한 조직 사업

이 중에서 '사업으로서의 회사'를 지향할 때, 가장 먼저 부닥치는 선을 직원의 숫자로 말하면 10명이다.

"직원이 10명을 넘어서는 시점에 경영 방식을 바꾸어야 한다."

이것을 명확히 인식하고 있느냐 아니냐에 따라 회사가 번창하는가 하면 퇴보하기도 한다.

지난번, 어느 경영 세미나에 참석했는데, 일본 유통업계의 거물을 길러낸 이쓰미 슌이치 씨를 비롯해 경영 전문가의 강의가 잇달아 열렸다. 그런데 청강생 대부분이 가족 회사를 경영하든가, 아니면 몇 명의 직원을 고용해 회사를 꾸려가는 작은 회사의 경영자들이었다.

바쁜 일을 제쳐두고 전국에서 강연회를 찾은 경영자는 작은 회사의 사장들뿐이었다. 이들이 참으로 열심히 강의를 듣는 것은 바람직한 일이지만, 과연 거대한 그룹 회사의 지도 이념과 운영 기술을 배우는 것이 그들에게 도움이 될까. 초등학교 학생에게 대학 입시 문제를 풀라고 하는 건 아닌가 의구심이 들어 어느 청년 경영자에게 물어보았다.

"도움이 되었습니까?"

그러자 그는 눈을 빛내며 이렇게 대답했다.

"예, 당연히 그대로 해야 한다고 생각합니다."

도시의 변두리에 위치한 조그만 상점을 경영하는 사

람이 대기업의 경영 기법을 적용하면 오히려 위험해질지도 모른다. '이 청년 경영자도 그런 위험한 길을 가려하고 있구나' 하는 생각이 들었다.

이것은 하나의 예시에 불과하지만 나는 회사의 수준에 따라 해야 하는 것과 해서는 안 되는 것이 있다고 생각한다.

이 세미나뿐 아니라 경영 기법을 다룬 책들 대부분이 대기업에 초점을 맞춘 내용을 담고 있다. '위험한 11'에 해당하는 작은 회사가 귀담아들을 만한, 정말로 필요한 경영의 정보와 노하우를 제공하지 못하고 있다.

'직원 10명 이하의 회사'를 깔끔하게 경영한다면 그 여세를 몰아 30명, 50명 정도의 회사도 거뜬하게 경영할 수 있다. 그러나 '직원 10명 이하의 회사'를 제대로 경영하지 못하면 다른 어떤 사업도 성공적으로 이끌 수 없다.

이 책에서는 '직원 10명 이하의 작은 회사를 이끄는 사장의 업무'라는 주제로 작은 회사를 경영할 때 반드시 알아야 할 점들을 집중적으로 서술했다. 내 나름의 경영 체험에서 비롯된 것들이 대부분이지만, 여러 경영 연구 모임에 참석해 배운 선배 경영자들의 가르침도 들어 있다. 미래에 크게 번창하고 싶은 야망을 지닌, 그렇지만 아직은 10명 이하의 회사를 운영하고 있는 사장에게 필요한 항목만을 간추린 셈이다.

'직원 10명 이하인 회사의 사장 업무'는 근본적으로 '가족 회사 경영'이라는 마인드에 기반해야 한다. 본문에서는 일일이 언급하지 않았지만, '가족 회사 경영 이념'은 어떤 일을 하더라도 기본적으로 가져야 하는 자세이다.

그리고 직원이 10명을 넘어섰을 때, '가족 회사 경영'에서 '비즈니스 회사 경영'으로 방향을 바꾸어야 한다. '비즈니스 회사 경영'을 지도하는 책은 세상에 많이 있다. 하지만 작은 회사의 경영자는 직원이 10명을 넘을 때까지는 그 책을 보지 않는 것이 좋다. 초점이 맞지 않기 때문이다.

이 책에서는 직원 10명 이하의 회사를 운영하느라 고심하는 사장, 또는 이제부터 작은 회사를 경영하려는 분들이 반드시 몸에 익혀두어야 할 사고방식, 지식, 노하우를 집중적으로 언급했다.

제1장「작은 회사의 사장은 어떻게 해야 성공하는가」에서는 사장의 문제,

제2장「작은 회사는 어떻게 해야 돈을 벌 수 있는가」에서는 경영의 문제,

제3장「작은 회사에서는 사람을 어떻게 관리해야 하는가」에서는 인재 육성과 인간관계의 문제를 집중적으로 서술함으로써 작은 회사의 사장이 반드시 알아야만 하는 사항들을 짚어주고 싶었다.

이 책이 당신의 경영에 많은 도움이 되었으면 한다.

"묵묵히 부지런히 일하라. 꽃이 피든 피지 않든."

사업에 성공하는 비결은 이것밖에 없다.

제1장

작은 회사의
사장은
어떻게 해야 성공하는가

작은 회사는 직원에게 공을 들여야 한다

임금을 올려주고 휴일을 늘려준다. 따뜻하게 말을 건다.

작은 회사의 직원은 말 그대로 가족이다

작은 회사의 직원은 사장의 말 한마디에 따라 스스로 일할 기분이 나는가 하면, 반대로 당장 내일이라도 회사를 그만두고 싶어지기도 한다.

사장의 일거수일투족이 곧바로 회사 전체에 영향을 준다. 바꿔 말하면 작은 회사는 사장이 직원에게 공을 들이면 들일수록 좋아진다는 말이다.

큰 회사도 물론 공을 들인 만큼 틀림없이 좋아지겠지만, 작은 회사의 경우에는 좋아지는 모습이 금방 눈에 보인다. 이것은 사장에게 더할 나위 없는 즐거움이다.

어디에 공을 들여야 하는가. 간단히 세 가지로 요약할 수 있다. 모두 사람과 관련이 있다.

첫째는, 임금을 올려주어라. 본인이 생각하고 있는 금액보다 조금 많이 주어 분발하게 한다. "임금을 올려주면 처음에는 감격하지만. 그것도 잠시뿐 2개월만 지나면 더 올려달라고 불평을 한다"라고 말하는 사람도 있지만, 많은 임금을 지급하고 있는 경영자 중에서 그렇게 말하는 사람은 만나본 적이 없다. 임금을 많이 지급하지 않는 경영자가 보통 그런 식으로 말한다.

둘째는, 휴일을 늘려주어야 한다. 요즘은 전반적으로 생활이 풍족해져 약간의 임금보다는 휴일을 늘리는 방향으로 나아가는 게 효과적이다.

내가 경영하는 회사의 직원 중에도 "상여금보다는 휴일을!"이라고 말하는 사람이 많다. 따라서 직원에게 생각지도 않았던 휴일을 선물하면 매우 기뻐한다. 나는 직원과 그 배우자의 생일을 휴일로 하고, 연말연시와 여름휴가도 규정 일수보다 늘려준다.

셋째는, 노고를 위로하는 사장의 말 한마디다.

"고맙습니다."

"수고하셨습니다."

"잘하셨습니다."

이상은 핵심적인 위로의 말이다.

그러나 부자연스럽고 그저 입에 발린 말이라면, 아무리 좋은 말이라도 직원은 "왜 저러지?"라는 반응을 보인다.

따라서 사장은 이상의 세 가지 말을 자연스럽게 할 때까지 노력해야 한다.

회사에서 가장 중요한 것은 직원이다. 그들과 관계된 일에 공을 들이는 일이 매우 중요하다. 근무 환경, 처우, 임금 등 공을 들여야 할 곳은 얼마든지 있다.

요즘 직장 생활을 하는 젊은이들이 가장 싫어하는 것은 '꼰대'로 대표되는 구세대의 집단적 문화다. 또한 남성 중심의 문화에 알레르기를 느낀다. 젊은이들의 생각과 감수성을 이해하려는 노력 또한 필수적이다.

성공의 비밀은 항구적인 목표를 갖는 것이다.

—

벤저민 디즈레일리
영국의 작가, 정치가

2

지나친 자신감은 화를 부른다

행운이나 명성만을 추구해서는 안 된다.

나만 언제까지 잘된다는 보장은 없다

이 세상은 하느님 덕분인지 부처님 덕분인지는 모르겠지만 균형이 잘 이루어져 있다. "나만 언제까지 잘될 리는 없다!"라는 듯이, 세상은 어떤 식으로든 균형이 잘 잡혀 있다. 사업도 마찬가지다. 사장이 어떻게 하느냐에 따라서 회사의 운명은 변할 수밖에 없다.

사장의 견해가 확고한지, 아닌지에 따라 직원의 생활도 변화하기 마련이므로, "나만 언제까지고 잘된다는 보장은 없다"는 것을 사장은 가슴 깊이 새겨야 한다.

이런 경험을 한 사람이 많을 것이다.

"회사가 잘될 때는 정말로 기분이 좋다. 무슨 일이 생겨도 대처할 수단이 있을 것 같다. 모든 게 다 좋다. 직원도 예의바르고 고마워한다."

그렇지만 일단 실패하면 과거의 영화 따위는 아무것도 아니고, 기진맥진해진다.

회사를 망치고 인생도 비참해져서 다시 한번 어떻게든 재기하려는 사람들이 모여서 만든 팔기회八起會라는 모임이 있다. 그 모임의 회장인 노구치 세이이치 씨의 강연회에서는 조는 사람을 찾아볼 수 없다. 청강자 전원이 숨을 죽이고 눈을 빛내며, 기침하는 사람 하나 없이 조용한 가운데 노구치 씨의 이야기에 귀를 기울인다.

회사가 도산하면 사장은 지옥의 밑바닥에서 몸부림치는 비참한 신세가 된다. 이건 결코 남의 일이 아니다.

사장의 결정은 언제나 냉정해야 한다

아주 오래전 구루시마 도크 그룹의 사장 쓰보우치 히사오 씨*를 만난 적이 있다. 그 무렵에는 알아주는 사람도 없는 존재였으며, 요즘처럼 이름을 대면 "아 그 사람" 할 정도의 인물도 아니었다. 구영한** 씨가 "시코쿠 시에 훌륭한 경영자가 있다"면서 쓰보우치 씨를 소개해 준 것이다. 당시 그는 작은 영화관을 운영했다. 일본에 서 처음으로 2관 동시 상영 방식을 도입해 크게 성공했 다. 그 성공을 기반으로 선박업에 눈을 돌려 대부금으로 최신형 어선을 만들어 팔아 재산을 모았으며, 큰 호텔을 지어 지역경제 발전에 일익을 담당하는 등 아이디어가 뛰어나고 실행력과 투지가 넘치는 사장이었다.

그 뒤에도 계속 사업만 했다면 그는 시코쿠 시 경영의 황제로 당당한 승리자의 인생을 살았을 것이다. 하지만 이토록 뛰어난 인물을 정치가들이 가만둘 리가 없다. 신 문사를 해보지 않겠는가, 도산기업을 맡아 일으켜보지 않겠는가 등등의 제의를 하는 사람이 많았다. 거절했더 라면 좋았을 텐데, 의협심 때문인지는 모르겠지만 사세 보중공업 등을 떠맡아 본 궤도에 올려놓았으나 그 과정 에서 무리하여 빚더미에 올라앉는 바람에 채권단에 의 해 퇴출당했다.

형편이 나빠지자 그에게 신세를 진 정치가들도 나 몰라라 하고, 마냥 여유로울 것 같던 여생은 어느새 실의에 빠져 피폐해지고 말았다.

참으로 안타까운 일이다.

요컨대 거절을 못하고 보증을 선 것이 재앙을 낳았고, 남에게 도움을 주려고 한 선의의 이면에는 "나라면 할 수 있다"라는 자만심이 깔려 있었기 때문에 무너지고 만 것이다.

성공과 명성을 과하게 추구하는 것은 위험하다.

우리는 작은 회사의 경영자에 지나지 않지만 규모는 달라도 세상은 균형을 이루고 있다. 자신만이 언제까지고 잘될 것이라는 생각을 해서는 안 된다는 점을 깊이 새겨야 한다.

지나친 자신감은 실패의 전조이다. 교만은 하늘도 시기하기 때문에 잘나가는 상황이 계속될 턱이 없다.

—

우타마루 미쓰시오
일본의 명리학자

잘되는 회사의 사장은
직원의 눈치를 보지 않는다

작은 회사는 사장 주도로 일사불란하게 움직여야 한다.

혼다의 '왁자지껄 경영'이 이상적이라고?

내가 젊었을 때 혼다는 브랜드 이미지는 좋았지만 자동차 업계의 변두리에 머물렀다. 그랬던 혼다가 미국에서 다시 사고 싶은 차량 브랜드 2위가 되리라고는, 게다가 가와모토 사장이 세계 최우수 경영자로 선정되리라고는 아무도 상상하지 못했다.

일본의 거품 경제는 1990년 2월의 주가 폭락으로 붕괴하기 시작했다. 거품 경제의 붕괴로 많은 대기업이 심각한 타격을 입었다. 혼다도 한때 위험하다는 소문에 휩

싸였다. 자동차가 전혀 팔리지 않자 다른 기업과의 합병 설까지 흘러나왔다.

당시 혼다는 소위 '왁자지껄한 경영'을 표방했다. 사장실도 없고 임원들도 큰 방에서 함께 일을 하는 등 별도의 방이 없었다. 필요한 때는 큰 방에서 임원들이 큰 소리로 토론을 벌이며 전략이나 전술을 결정하곤 했다.

그 무렵에는 이런 경영 방식이 이상적인 경영 방식이라고 알려졌다. 모두가 함께 경영에 참여해 지혜를 모아 성과를 거두는 경영의 본보기라는 평가 속에서 업계의 부러움을 한 몸에 받았다.

CEO는 스스로 결정해야 할 것을 태만히 하면 안 된다

거품 경제가 붕괴되던 해 극심한 실적 부진 속에 사장으로 취임한 가와모토는 '혼다의 한계'를 간파했다.*

어느 경영자 세미나에서 가와모토 사장은 다음과 같은 점을 지적했다.

* 왁자지껄한 경영, 듣기에는 좋지만 리더십의 폐기는 아닐까

"최근 일본의 최고 경영자들은 스스로 결정해야 할 것을 태만히 하고 있지는 않은가. 스스로 결정해야 할 일을 아랫사람에게 떠넘겨 결정케 하고, 자신은 그 결정 위에서 유유자적하지는 않은가."

우수한 경영자의 적절한 지적이었다.

실제로 가와모토 사장은 사태를 정확히 파악하고, 개혁에 팔을 걷어붙이고 나섰다. 가와모토 사장은 '왁자지껄한 경영'을 버렸다. 그런 다음 각 부서에 책임을 부여하고, 위에서 명령하는 방식으로 안건을 결정하는 시스템을 도입했다.

'우선 목표를 세워라.'

'달성하지 못하면 책임을 져라.'

'고객이 요구하는 자동차는 무엇인가. 우리가 만드는 차는 세계 최고다. 고객을 둔한 사람이라고 생각하지 말고 고객의 변화에 적극 대응하라.'

이른바 '고객중심주의'로 급격히 전환했다. 그리고 비대한 조직을 슬림화했다.

'살이 대책 없이 불어 움직임이 둔해지지 않았나.'

이런 관점에서 조직을 정비하고, 효율화, 스피드화, 슬림화를 추진하여 일사불란한 하향식 지시를 확실히 전달하도록 했다. 이렇게 하여 오디세이, CR-V 등 레저용 차량이 연속으로 히트하고 수출도 호조를 보여 마침내 닛산 자동차를 앞질렀다. 자기중심주의Meism를 역발상하여 '당신이 최고 주의Youism'를 내세워 성공했다.

작은 회사야말로 사장 주도로 움직여야 한다

또 한 가지 내가 놀란 것은 미쓰비시 상사 회장의 변화였다.

그는 사장 재임중 의사결정 방식을 하향식으로 선회했다. 움직임이 둔한 중역을 무시하고 각 부문의 일선 책임자에게 직접 지시를 내렸다. 연간 매출액이 수조 엔에 이르고 종업원 수가 1만 명이 넘는 회사의 최고 경영자가 하향식 경영으로 회사를 이끌어 나갔다. '미쓰비시 조직'이라고도 불리는 미쓰비시 그룹의 최고 경영자가 말이다.

작은 회사의 사장이 직원에게 전부 맡겨버려서는 일이 제대로 추진되지 않는다. '맡긴다'는 듣기 좋은 말로, 큰 기업이든 작은 기업이든 경영자가 자신의 임무를 방기하는 것이다.

요즘 시대에 살아남기 위해서는 사장이 모든 것을 판단하고 지시해야 한다. 당신 회사는 '사장 주도'로 움직이고 있는가.

'돈 버는 경영'은 직원의 눈치를 보지 않아야 가능하다.

**지도자는 혁신을 일상적인 것으로 만드는
법을 배워야 한다.**

—

필립 코틀러
미국의 마케팅학자

4

독재자로 불리는 것을 두려워 마라

아무도 책임지지 않는다. 사장이 모든 책임을 져야 한다.

작은 회사의 사장은 독재형이 좋다

'사장이 독재형인 회사는 발전하지 않는다'라고 하는데 그렇지 않다. 오히려 독재적이기 때문에 발전한다.

은행은 먼저 사장을 보고, 그 뒤에 회사의 자산을 확인한 뒤 돈을 빌려준다. '사장을 본다'는 것은 회사의 미래, 즉 가능성을 본다는 뜻이고, '자산을 확인한다'는 것은 상환 능력을 본다는 의미다.

작은 회사에서 사장이 독재형이 아니라면 누가 귀중한 '돈'을 믿고 빌려주겠는가. 따라서 작은 회사의 사장은 독재형이 아니면 안 된다. 독재형 사장이야말로 작은 회사의 경영자가 추구해야 할 롤 모델이다.

누가 책임지는가? 사장밖에 없다. 그 사장이 알지 못하는 일이 사내에서 벌어진다면 큰일이다. 무슨 일이든 보고하게 해야 한다.

사장 자신이 알지 못하는 일이 진행되고 있다면 호통을 쳐야 한다. 누가 책임지는가? 결국 책임질 사람은 사장밖에 없다.

사장은 하나부터 열까지 스스로 결정하고 책임져야 한다

작은 회사에서 사장의 업무란 회사의 일에 관한 한 구석구석까지 책임을 지는 것이다. 사장이 납득하지 못하는 일이 회사 내에서 진행되고 있다면 큰일이다.

'무슨 일이든지 보고하게 하고, 모든 것은 스스로 결정한다.'

이것을 독재형이라고 한다면, 작은 회사의 사장은 더욱더 독재형이 되어야 한다. 독재형 사장으로 불리는 것을 결코 두려워해서는 안 된다.

"당신에게 모든 것을 맡기겠소."

이런 식으로 다른 사람에게 맡기면 평판은 좋겠지만, 작은 회사의 사장이 그렇게 하다가는 조만간에 회사는 숨통이 막혀버린다.

> **확신을 가진 한 사람이 흥미를 가진 아흔아홉 사람보다 강하다.**
>
> —
>
> 존 스튜어트 밀
> 영국의 철학자, 경제학자

5

언행일치는 사장의 덕목이 아니다

작은 회사는 늘 모순 속에 있기 마련이다.

상황에 따라 유연하게 대처할 줄 알아야 한다

최근 청년 사장이 증가하고 있다. 2대, 3대째 대를 이어받는 경우도 있고 탈샐러리맨파, 독립파도 있다. 이런 추세에 대해 '가쓰카와 사장 학교'의 가쓰카와 교장은 다음과 같이 말한다.

"40세가 넘어서 사장이 된 사람은 무리하지 않아 좋다. 40세가 되기 전에 사장이 되면, '자, 가자'라며 힘차게 의욕을 보이는 건 좋지만, 상황이 불리하게 돌아가도 주변의 눈을 의식해 치켜든 주먹을 내릴 수가 없다. 상황이 좋았을 때의 모습을 계속 유지하려 한다. 그렇지만

40세가 넘어 사장이 된 사람은 아침에 했던 말도 저녁이 되면 '어, 이상한데, 그만두자'라며 자연스럽게 태도를 바꿀 줄 안다. '전체를 위해서는 그렇게 하는 것이 좋으니까 그렇게 하자'라며 태연하고, 능숙하게 처리할 줄 안다. 결과적으로는 큰 실수를 하지 않거나, 실수를 줄일 수 있어 매우 유리하다."

2대, 3대째 부모의 사업을 계승하는 입장에 서 있는 사람은 너무 일찍 사장이 되려고 안달 말고 업무 전반을 차분하게 배우는 편이 좋다는 충고다.

때로는 실천보다 말을 앞세울 필요도 있다

작은 회사의 사장은 말을 먼저 하고 실행하도록 해야 한다.

사람은 과묵해야 한다는 말도 좋은 말이기는 하지만, 사업에 관해서만은 말없이 묵묵히 실행하는 태도는 책임 회피라고 해도 좋다.

"내년에는 두 사람을 더 채용한다."

"2년 뒤에는 매출을 두 배로 늘린다."

이렇게 계획을 세워놓고도 여러 가지 사정이 생겨서 실행하지 못하게 되는 경우 또는 실행하지 않는 일이 생긴다. 그래도 상관없다. 언행불일치가 될까봐 두려워하여 전망이 보일 때까지, 아니면 모양이 갖춰질 때까지 직원에게 침묵하든가 알려주지 않는다면 진보도 비약도 없다.

길을 잘못 들어섰을 때 빨리 가려고 하면
더 많이 헤맨다.

—

드니 디드로
프랑스의 작가, 철학자

6

아침에 내린 지시를
저녁에 바꾸는 것이 사장의 업무다

경영의 세계는 날마다 변화한다.
그래서 사장은 때에 따라 조령모개해야 한다.

비즈니스란 전쟁이다, 상황에 따른 전략이 필요하다

비즈니스는 기본적으로 전쟁이다. 그렇지만 최근에
는 비즈니스를 전쟁이라 생각하지 않는 경영자가 늘고
있다. 이는 거꾸로 생각하면 '비즈니스는 전쟁이다'라
는 캐치프레이즈를 내걸고 뛰는 회사가 신장할 수 있는
기회가 커졌다는 말이기도 하다.

비즈니스는 전쟁이다. 이것은 직원의 숫자와는 전혀
관계없다. 규모가 크든 작든 전쟁이다.

비즈니스는 싸우기 전에 이기는 것이 최선이기 때문에 본래 같은 업종 경영자나 직원과는 친해지면 안 된다.

그러나 작은 회사는 아쉽게도 그러지 못한다. 싸우지 않고 이기는 것은 경영계의 거장들뿐이다. 비즈니스 세계의 신참 문하생에 지나지 않는 작은 회사의 사장은, 스스로 공부하고 실전에 참가해 단련하는 길 이외는 없다. 결국 싸워서 이기는 방법을 스스로 익혀야 한다.

전쟁에 임해서는 상대방의 움직임에 따라 이쪽의 모습을 바꾸어가며 대응해야 한다. 적이 움직이면 우리도 움직인다. 적의 행보가 변하면 우리도 행보를 바꾼다. 이것이 전쟁의 기본 자세다.

조령모개해야 이긴다

사장의 조령모개朝令暮改는 상황에 따라서 재빨리 전술을 바꾸는 것과 같다. 조령모개 방식이 없으면 직원은 편해지겠지만, 그러한 회사는 아차 하는 순간에 적에게 잡아 먹혀 버리고 마는 게 현실이다.

다만 비즈니스 세계 밖에서도 말을 자주 바꾸면 신용을 잃는다. 가족과의 약속, 친구와의 약속, 업무를 떠난 곳에서 한 직원과의 약속 등을 번복하면 안 된다. 그것은 단순한 변심, 망각, 태만이다.

'사장다운 사장'이라면 업무에 관한 한 회사를 위해서 '조령모개'를 태연스럽게 행해야 한다. 하지만, 일을 떠난 자리에서는 절대 '한 입으로 두말하지 않는' 사람이어야 한다. 사장 중에는 이 두 가지를 잘 구별하지 못하는 사람이 많다. 하물며 간부나 직원은 오죽하겠는가.

"사장은 너무 자주 말을 바꾼단 말이야"라는 직원의 빈정거림을 들을 때도 있다. 그럴 때는 속으로 '자네들은 너무 바뀌지 않아서 탈이야'라며 못 들은 체하면 된다 그다음은 시간이 해결해 줄 테니까.

> **선수를 치는 것보다 변화에 대응하여 조령모개하는 것이 중요하다.**
>
> —
>
> 스즈키 도시후미
> 세븐일레븐 재팬 창업자

7

모두가 사장의 뒷모습을 지켜보고 있다

하루하루 신중하게 살아라!

『우동 한 그릇』의 명암

어느 날 오사카에 있는 산요 전기 비서실에서 전화가 걸려왔다. 용건은 이러했다.

"어느 출판사인지 모르겠지만『우동 한 그릇』이란 책이 출간되었습니다. 좀 알아봐 주십시오. 언젠가 국회 질의에서 공명당 위원장이 인용했다면서, 고토 고문이 읽고 싶다고 말씀하십니다. 이시노 사장은 알고 계실 것 같아 이렇게 전화를 했습니다."

서둘러 여기저기 문의한 끝에 출판사를 알아냈다.

"거기, 몇 시까지 근무합니까?"

"6시 반까지 합니다."

"그렇다면 지금 『우동 한 그릇』이란 책을 사러 갈 테니까 준비 좀 해주십시오."

마침 다음날은 내가 산요전기로 출장 가는 날이었다. 체면을 세울 수 있겠다고 생각하면서 마침내 손에 넣은 『우동 한 그릇』을 가방에 챙겨 넣었다.

오사카로 향하는 고속 전철 안에서 어떤 내용인지 궁금해 꺼내 읽어보았다. 나도 모르게 그 책에 빠져들어 읽고 났을 때는 저절로 눈물이 흘렀다. 만원 고속 전철 안이라는 것을 의식하고는 당황하여 눈물을 훔쳤으나, 눈물이 멈추지 않아 손수건을 흥건히 적셨다.

일본에서 『우동 한 그릇』이 선풍을 일으키기 두 달 전의 일이었다.

한 달 정도 지나서 홋카이도 스나가와 시에 사는 친구가 A3 용지에 『우동 한 그릇』의 전문을 실어 보내주었다. 앞뒤로 빽빽하게 실려 있었으므로 사내에 회람했다. 그리고 『문예춘추』에서도 그 기사를 다루었다.

"편집자도 울었다. 『우동 한 그릇』……"

이러한 소개 기사가 마른 잎에 불을 지르는 격이 되었다. 『우동 한 그릇』을 다루지 않은 주간지, 여성지가 없을 정도로 화제였다.

그러나 한 달쯤 지났을 무렵, 일부 주간지가 『우동 한 그릇』 저자의 인간성에 문제가 있다는 등의 기사를 다루면서부터, 지금까지 찬사 일색이던 매스컴이 갑자기 태도를 바꾸어 저자의 과거를 집중 보도했다. 그것도 20년이나 지난 과거 이야기까지 시시콜콜 캐내면서.

이러한 모습을 지켜보고 있노라면 신문, 텔레비전, 주간지 등 매스컴이 얼마나 변덕스러운지 알 수 있다. 남이야 어떻게 되든 볼 만한 기삿거리가 되든지, 돈을 벌 수 있는지만 생각한다. 매스컴에 종사하는 사람들은 일관성이 있어야 하는데…….

한시도 허투루 보내지 않는 사람이 성공한다

산요전기의 고문 고토 세이이치 씨로 말할 것 같으면 어려운 집안 형편 때문에 초등학교를 중퇴하고 창업한 지 얼마 안 된 마쓰시타전기에 입사하여, 젊은 나이에 공장장을 거쳐 샐러리맨으로서는 최고의 위치인 산요전기 대표이사에까지 올랐던 사람이다.

내가 감탄하는 것은 그의 탐구심이다. 신문기사에서 한번 본 책 제목을 기억해 내는 비상한 기억력과, 흥미 있는 책은 반드시 읽는 탐구심은 놀랄 정도다. 아주 작은 일도 소홀히 하지 않고, 대단한 성공을 거두었는데도 결코 교만하지 않다. 정말 대단한 분이다.

어느 날 고토 고문의 차를 타게 되었는데 뒷좌석에 몇 권의 책이 쌓여 있었다. 맨 위에 있던 책 제목이 『현대 지도자의 명언록』이었다.

한번은 다른 용건이 있어서 고토 고문에게 도쿄로 와 달라고 부탁한 적이 있다. 상당히 빡빡한 일정을 소화하고 도쿄 역에서 고속 전철을 타고 다시 오사카로 가기 때문에 피곤해서 휴식을 취할 것이라고 생각했다. 그런데 우연히 자유기고가 엔도 씨로부터 전철 안에서의 이야기를 들었다. 그의 말에 따르면, 고토 씨가 요즘 무엇을 하고 있는지 궁금해 몇 번이나 그 칸으로 갔는데, 계속 책을 읽고 있어서 오사카 역에 도착할 때까지 아무런 이야기도 꺼내지 못했다는 것이다.

나도 한 달에 한두 번은 도쿄-오사카 사이를 왕래하지만 고속 전철 속에서 시간을 보내는 방법이라고 해봐야 주간지를 읽는다든가, 대중소설을 훑어보든가, 그것도 아니면 전날 마신 술독을 풀기 위해 꾸벅꾸벅 조는 것이 전부다.

대경영자와 나를 비교하는 것 자체가 난센스일지 모르지만, '발전하는 사람'은 인생이나 일에 임하는 자세부터 다르다는 사실을 일깨워주었다.

고토 씨는 자주 이런 말을 한다.

"'오늘은 뭐 이 정도로 하지. 내일 열심히 하면 되겠지. 과거에 구애받지 않고 내일 만회하자.' 상당히 명쾌하고 그럴듯한 이야기 같지만 세상일은 그렇게 간단하지 않습니다. 세상일이란 그 사람의 과거를 보고 판단합니다. 오늘의 실패도 간단히 잊히지 않습니다. 그러므로 오늘 하루를 소홀히 하지 말고 신중하게 살아 황금 같은 과거를 쌓아올려야 합니다. 지금 대충 살면서 '미래를 봐주십시오'라고 말해봐야 통하지 않습니다."

김빠진 맥주 같은 인생을 살지 마라

나는 『우동 한 그릇』의 저자가 젊은 시절에 어떻게 했는지 잘 알지 못한다. 돈을 빌려 쓰고 떼먹었다든가, 자신을 후원해준 사람을 배신했다든가 하는 여러 가지 내용이 매스컴을 통해 알려졌지만, 젊은 시절에 그 정도의 일이 없었던 사람이 있을까. 인간은 누구나 한두 번은 본의 아니게 타인에게 마음의 상처를 입히게 된다.

마음에 걸리는 일, 부끄러운 일을 딛고 일어서서 마침내 정상에 올라서는 것이 결국 성공한 인생이 아닐까. 그의 작품『우동 한 그릇』은 그토록 많은 사람에게 감동을 주었다. 비록 순간적이라 하더라도 사람들의 마음을 정화시킨다는 점이 더욱 중요한 것 아닌가. 그렇게 생각하면서도 저자를 비난하는 사람이 많다.

이런 걸 보면 고토 씨가 말하는 "황금과 같은 과거를 지녀라"는 대단히 중요한 경영자의 철학이다.

결론적으로 나는 고토 씨 덕분에 그 존재를 알게 된 『우동 한 그릇』을 통해 여러 가지 사실을 배운 셈이다.

과거란 지나간 것, 지나간 뒤에 아무리 애를 써도 바꿀 수 없다.

"황금 같은 과거를 가지고 있습니까?"

그러한 질문을 받고 "예"라고 대답하는 사람은 별로 없다.

중요한 것은 늘 '황금과 같은 과거를 갖기 위해서' 하루하루를 열심히 사는 일이다.

고토 씨가 말하는 것처럼 "과연 그렇겠군. 좋아, 매일 정신을 똑바로 차리고 살자"라고 마음먹을 수 있다면, "아니, 나는 상관없어"라며 쉽게 사는 사람과는 다른 인생을 살며 달콤한 결실을 맛보게 될 것이다.

사장의 뒷모습은 거래처와 은행, 직원, 파트타임 직원까지 모두가 지켜본다. 사장이 정신을 똑바로 차리고 열심히 일한다면 직원도 '이래서는 안 되겠다'라며 꿋꿋하게 버틴다. 김빠진 맥주 같은 인생을 살아서는 안 된다.

최선을 다하라. 그것이 전부다.

—

랩프 월도 에머슨
미국의 수필가, 시인, 철학자

8

'인품'을 쌓는 것도 사장의 업무다

직원의 인품을 문제 삼기보다는 자신의 인품을 쌓아야 한다.

직원은 사장의 일거수일투족을 지켜보고 있다

프랑스로 경제 시찰을 갔을 때, 시찰단 중 한 사람이 무심결에 "사장님"하고 부르자 나를 포함하여 5, 6명이 동시에 "예!"라며 일제히 그쪽을 쳐다보았다. 모두 서로의 얼굴을 바라보며 웃어버리고 말았다.

세상에는 사장이 발에 차일 정도로 많다. 이 정도로 값어치가 떨어지는 게 사장이라는 직함이지만 당신의 회사에서는 사장이라는 직함을 가진 사람은 당신 한 사람밖에 없다. 한 사람밖에 없기 때문에 당연히 당신의 일거수일투족을 모든 직원이 주목한다.

작은 회사를 이끌어 갈 수 있는지는 당신의 인간성에 직원이 이끌려 오느냐 아니냐에 달려 있다.

사람에게는 누구나 그 사람 나름의 인품이 있다. 직원들이 인품이나 품격을 인정해주지 않을 때는 사장이 잘못되었든지 아니면 직원이 잘못되었든지 둘 중 하나다.

사장의 사고가 올바르지 않을 때는 겸허하게 반성해야 하고, 직원에게 문제가 있을 때는 개선해야 한다.

여기에서 '개선'은 '교육'을 말한다. 작은 회사의 경우에는 교육을 하고 싶어도 어렵기 때문에 직원과 자주 대화를 나눔으로써 개선하는 방법밖에 없다.

- 회의석상에서는 개선하는 티를 내지 않고 자기의 생각을 설명한다. 그것으로 충분하지 않을 때는 마주앉아서 직접 의논한다.

- 일대일로 이야기할 기회를 만든다.

  한번으로 충분치 않을 때는 거듭 일대일로 의논해야 한다. 원래 교육은 반복하지 않고서는 효과를 거두지 못한다. 반 년 정도에 걸쳐 같은 사안을 거듭 시도해보아도 여전히 개선되지 않고 그가 존재함으로써 사내에 좋지 않은 분위기가 감돌면 뿌리를 잘라야 한다.

- 당사자의 해고를 신중하게 고려해야 한다.

  인간은 다양하고 인생도 가지가지이다. 사고방식이 당신과 많이 다른 직원과는 함께 일할 필요가 없다. 개인 생활은 개인 생활일 뿐이다. 문제는 사업에 제동을 거느냐 이바지 하느냐이다.

직원에게 필요한 건 능력이고, 사장에게 필요한 건 인품이다

내가 경영하는 한 회사는 무슨 핑계를 대든지, 가령 직원의 생일이 돌아왔다든지, 귀중한 손님이 방문했다든지, 거래처에서 찾아왔다든지, 그도 아니면 환영회나 환송회, 송년회 등등 갖가지 술자리를 만든다. 때로는 아르바이트생도 동참하여 시끌벅적한 모임을 가진다. 그런 술자리에서 회사에 관한 일을 의논할 기회가 제법 많다. 내가 참석할 때도 있고, 내가 없을 때도 자주 연다.

반면 내가 운영하는 또 다른 회사는 사정이 다르다.

그 회사에서 2인자 역을 맡고 있는 젊은 직원은 내게 아들뻘 되는 나이인데, 거의 술을 마시지 않는다. 그는 팝송과 재즈 듣기를 좋아하고, 나는 엔카를 즐겨 부르는 세대다. 따라서 신년회나 송년회가 있을 때만 함께 술을 마시고 식사를 할 기회를 갖게 된다. 그래도 일을 깔끔하게 잘 처리한다. 사업에 관한 한 아무런 문제도 없다.

그는 사장인 내게 잘 보이려고 특별히 애쓰지 않는다. 함께 술 마시러 가지도 않는다. 그런 일이야 아무려면 어떤가. 중요한 것은 그가 있음으로써 일이 보다 원만하게 진행되느냐 아니냐 하는 점이다. 문제는 그 사람의 인품이 아니라 그가 일하는 방식이다.

거듭 말하지만 직원이나 종업원에 관한 한 인품이나 품격은 두 번째나 세 번째 문제다. 하지만 사장의 경우는 다르다. 인품이 좋지 않은 사장을 누가 존경하며 따르려 하겠는가.

사장이 해야 할 일에는 인격을 연마하는 일도 포함돼 있다. 당신은 그것을 위해 어떤 노력을 하고 있는가?

리더십의 핵심은 인품이다.

—

워런 베니스
미국의 경제학자, 경영심리학자

9

사장이 보는 것을 직원은 볼 수 없다

직원에 대한 지시는 적어도 세 번은 반복하라.

직원에게 지시할 때는 적어도 세 번은 반복하라

"직원에게 말할 때는 적어도 세 번은 반복해서 똑같은 말을 해야 제대로 이해한다고 생각하라."

미사와 홈MISAWA HOME의 미사와 사장을 만났을 때이 말을 들었다.

사장이 말해야겠다고 생각만 하고 실제로는 이야기하지 않을 때도 있다. 직원도 대충 흘려들을 수 있다. 또는 처음부터 끝까지 이야기는 다 들었지만 내용을 잘못이해할 때도 있다.

따라서 같은 이야기를 세 번 정도 반복함으로써 부족

한 부분을 보충하고, 이해를 촉진하여 방향을 통일해야
한다.

"직원 교육은 반복 효과를 노린다."

반복을 통해서 교육은 의미를 갖는다.

'한 번 말하고 가르치는' 것은 이쑤시개 하나로 온 방
을 다 청소하려는 것과 같은 어리석은 짓이다. 아무런
효과가 없다.

그다음에 강조하고 싶은 것이 또 있다.

"사장이 보는 것을 직원은 볼 수 없다."

이것은 의외로 매우 중요한 사항이다.

"무슨 일을 해야 할지 모르는 직원뿐이야"라며 화를
내는 사장을 의외로 자주 만난다. 직원에게 사장과 똑같
은 안목으로 판단하고 행동할 것을 바라는 것은 무리다.

사장이 보는 것을 직원은 볼 수 없다

사장의 시야는 간부의 두 배라고 해도 좋다. 실권을
쥐고 있는 만큼 정보나 업무도 많이 알고 있다. 그만큼
시야가 넓은 것은 당연한 일이다.

간부는 과장보다 두 배의 시야를 갖고 있다.

과장은 평직원보다 배 이상의 시야를 갖고 있다.

결국 시야가 다르면 판단하거나 적응하는 태도와 방법도 변한다.

사장의 판단과 결단이 일반직원보다 폭넓을 경우에는 목표를 파악하는 것이 그다지 어렵지 않다. 본래 조직이라는 것은 사장이 직원보다 더 적절한 판단과 지시를 할 수 있게 되어 있다.

따라서 중요한 것은 "그것 봐라, 내가 말한 대로 되지 않았는가"라며 회의석상에서 뽐내는 태도가 아니다. "당신들도 더 커야 한다"라며 크게 으스대는 태도는 더욱 아니다.

여기에서 중요한 사실은 "사장이 보는 것을 직원은 볼 수 없다"는 점이다.

따라서 사장의 결단과 판단을 직원이 잘 이해하지 못하는 경우가 많다. 그래서 대개 사장은 고독한 사람이라고 생각한다.

그때 좋은 결과가 나오면 '잘했구나' 하고 자기 자신에게 칭찬할 수밖에 없다. 직원에게 '사장의 기분을 이해해달라'고 말해도 이해하지 못하는 것은 당연하다.

"반복해서 가르쳐준다. 같은 내용을 적어도 세 번은 반복한다."

당신의 기분이나 판단을 이해해주는 모습이 보이지 않아도 그것 때문에 침울해서는 안 된다. 당신의 탄식을 잘 이해해줄 수 있는 사람은 나와 같이 사장의 지위에 있는 사람밖에 없다.

모두 똑같은 지평선을 바라보는 것은 아니다.

—

콘라드 아데나워
독일의 정치가, 초대 총리

10

당신 자신에게 상을 줘라

사장의 업무 능력을 평가할 수 있는 사람은 사장 자신밖에 없다.

사장의 고충은 사장만이 안다

"사장이 이렇게 격무에 시달릴 줄은 몰랐다. 사장이
해야 할 일은 대단히 힘든 일이다."

제법 규모가 큰 회사의 신임 사장들이 신문이나 잡지
등의 인터뷰에서 이렇게 이야기하는 모습을 많이 본다.
사장이 되기 전에 사장 곁에서 부사장이나 전무 등의 일
을 하면서 사장의 결정에 어떤 식으로든 많이 관여해왔
을 법한 사람들인데도 그렇다.

그만큼 사장의 업무라는 것은 중요하면서도, 실제로
사장이 돼보지 못한 사람은 그 고충을 알지 못한다. 부

사장이나 전무 등 임원도 그러한데 하물며 부장이나 과장이 이해할 수 있을까.

대기업에서 사장의 업무와 10명 이하 소규모 회사에서 사장의 업무는, 물론 그 책임, 격무, 마음 고생 등은 다르다 해도 공통점이 있다. 그중 하나가 모든 일을 자기 스스로 결정하지 않으면 안 된다는 것이다.

사장이 사장에게 주는 상

모든 일이라고 해봐야 사장에게 올라오는 결재에 관한 것이다. 우리같이 작은 회사에서는

"A군의 생일 선물을 무엇으로 할까요?"

"Y씨의 부친이 돌아가셨는데 조의금은 어느 정도나 할까요?"

"연하장은 몇 장이나 사오면 될까요?"

등등 사소한 것들도 올라오지만, 스스로 문제점을 찾아내고 해결하지 않으면 안 되는 중요한 문제도 있다. 중요한 거래처와의 거래 조건의 변경, 차입 여부의 결정, 자산의 구입, 신입직원 채용, 직원의 배치 등등.

지금까지 회사를 이끄는 동안 무수히 직면했던 결단의 순간과 그에 따른 결과들은 오직 사장만이 알 수 있는 부분이다. 오히려 사장이 잘 알고 있는데도 직원이 "그것은 틀림없습니다"라고 의견을 개진해 일을 망치는 경우도 있다.

　사장의 일을 평가할 수 있는 사람은 사장밖에 없다.

　당신이 사장, 자신에게 상을 주지 않으면 누가 주겠는가. 그래서 나는 스스로 나 자신에게 상을 준다.

　상이라고 해봐야 아주 사소한 것이다. 영화를 보러 간다든지 외식을 한다든지 술을 마시러 간다든지 가족과 함께 여행을 가는 정도다. 그곳으로 족하다. 사장 이외에 사장에게 상을 줄 수 있는 사람은 없기 때문이다.

성공하길 원한다면 자신만의 경계를 만들어라.

—

샤를 오귀스탱 드 생트 뵈브
프랑스의 비평가

11

한 발짝 떨어져서 보면
회사가 제대로 보인다

여행은 모든 것을 새롭게 보게 해 준다.

떨어져서 보면 새로운 모습이 보인다

사장의 업무란 원래 고독한 법이다.

화합을 이야기하면서도 본인은 화합하지 못하고, 함께하자고 해놓고도 정작 자신은 함께하지 못한다.

사장으로서 제대로 대처하려면 '떨어져서 보면 보인다'라는 선배들의 가르침을 그대로 따르는 방법밖에 없다.

외국으로 직원 여행을 떠난 적이 있다. 17명의 직원과 함께 경마장에 갔다. 삼삼오오 무리를 지어 모여 있는 사람, 혼자 앉아 있는 사람, 이쪽 무리에서 저쪽 무리로 옮겨 다니는 사람, 경주가 시작될 때까지 기다리고 있는 사람 등 그들의 행동은 각양각색이었다.

조금 떨어져서 직원들의 움직임을 보고 있자니 상당히 많은 사실을 새롭게 알게 되었다. 평소 알고 있던 것을 다시 확인하기도 했고, 전혀 새로운 모습을 발견하기도 했다. 평소 자주 접하는 중견 직원들조차도 조금 떨어진 곳에서 잠시 바라보니 많이 달라 보였다.

일 년에 한 번 정도는 해외로 나가라

국내여행이나 해외여행도 그런 의미에서 자신의 회사를 보다 잘 보는 기회다.

나도 해외여행을 가면 이상하게도 귀국하기 2, 3일 전부터 머릿속에서 '그 계획은 이렇게 세우자,' '그 사람과 저 사람이 함께 일할 수 있도록 해 보자,' '그녀는 일을 좀 많이 했으니까 쉬게 해 주자,' 'B씨가 요즘 시무룩한 것 같은데, 무슨 일일까,' 'M씨는 주위를 너무 산만하게 해 자연스럽게 주의를 줄 필요가 있어' 등 갖가지 생각과 아이디어가 떠오른다.

사장은 직원과는 달리 회사 일이 하루 종일 머리에서 떠나지 않는다. 따라서 의식하든 의식하지 않든 평소 고민하던 일이 현장을 벗어나 다른 환경에 접했을 때, 다양한 형태로 화학반응을 일으켜 머릿속에서 새롭게 되살아난다.

사장과 같이 여러 방면에 일을 벌이고 있는 사람은 장기간 휴가를 갖기는 어렵다. 모른 체하고 2, 3일 동안이라도 여행을 떠나보자. 가능하다면 해외여행을 떠나보자.

혼자 갈 것인가, 단체로 갈 것인가.

젊을 때 나이를 먹고 나서도 5, 6회에 한 번 정도라면 개인 여행도 좋지만, 사장이 되면 개인 여행을 추진한다는 자체가 이미 불가능하다. 왜인가?

젊은 사람이라면 알지도 못하는 땅에서 처음 보는 사람들과 무슨 수를 써서든 의사소통을 하는 것 자체가 성장에 도움이 된다. 혼자 돌아다니는 경험이 바로 공부다. 그렇지만 사장, 아니 장년의 나이에는 그런 여행이 오히려 역효과를 낸다.

일상에서 떠나 일상을 돌아볼 기회를 갖자

항공권 예약, 입장권 구입, 발착 시간 확인, 호텔이나 레스토랑 예약 등과 같은 잡무는 전문가에게 맡기는 것이 좋다. 자신은 마음을 비운 상태에서 허심탄회하게 여행을 즐기는 것이다. 그럴 때 가장 훌륭한 시설을 돌아보고 다른 환경에서 사는 사람들의 표정도 살펴볼 수 있다. 또한 뛰어난 예술을 접하고 이와 같은 예술을 낳게 한 시대는 물론 사람들의 정신세계와 생활도 상상해볼 기회를 가질 수 있다. '일상'에서 떠나봄으로써 오히려 '일상'을 잘 볼 수 있는 경험을 하는 것이다.

가족이나 직원을 위하는 마음 또한 미흡한 점이 있다면 되돌아봄으로써 반성하는 기회가 생긴다. 말하자면 해외여행은 '마음을 깨끗이 씻어주는 역할'을 한다.

나는 지금도 일 년에 두 번 이상은 해외여행을 한다. 그것도 경영자끼리 가는 단체 여행을 한다. 모두 유망한 우량 기업의 경영자나 사장 또는 2세들과의 여행이다. 10일 정도의 여행이지만 여러 가지를 배운다.

"좀 가르쳐 주십시오."

이렇게 부탁하며 돌아다니지는 않지만 함께 호텔에

머물고 레스토랑에서 식사를 하면서 명승지의 유적과 현지 유력 기업이나 공장을 시찰하다 보면 대화를 통해 사물을 보는 시각, 경영 자세, 경영자의 처신 방법 등을 배우고 계발하는 계기가 된다.

이것은 상대방도 마찬가지다. 표면상으로는 잡담을 하는 것 같지만 여러 가지 일로 바쁜 사장들이라 실속 없는 이야기로 시간을 때우거나 하지 않는다. 대화를 계속하는 것은 뭔가 공부가 될 만하기 때문이다.

특히 사장에게는 적극적으로 해외여행을 하도록 권하고 싶다. 직원 여행도 좋은 기회이긴 하지만 경영자들과 함께 가는 것만큼 수확은 없다. 어쨌든 회사를 떠나서 다른 사람들과 함께 해외나 국내여행을 해보자.

리더의 속도가
회사의 속도이다
—
미국 격언

12

사장이 '결정을 내릴 때'의 기술

결정을 내릴 때는 언제나 회사의 장래를 염두에 두어라.

사장이란 무언가를 결정하는 사람이며, 사장의 업무란 '결정하는 방법'을 터득하는 일이다. 당연한 일이지만 매우 중요한 사안을 사장 이외의 사람에게 결정하라고 할 수는 없지 않겠는가.

'결정하는 방법'이란 무엇을 말하는가?

바로 결정할 수 있는 일은 바로 결정하라
부하 직원이 기다리는 시간을 줄여야 한다

사장에게까지 결재가 올라오면 가능한 한 빨리 결정

한다. 다소 무리가 따르더라도 그렇게 하라. 빨리 결정하면 기다리는 시간을 줄여 바로 일할 수 있다.

현대의 경영 기술에서 중요한 요소는 '스피드'다. 크게 중요하지 않은 문제의 결정을 미루면 직원이 힘들다. 특히 돈이 들지 않는 안건이라면 즉시 처리한다.

즉시 결정하지 않아도 괜찮은 일도 있다
시간에 쫓기면 실수한다

"급히 결정해 주십시오"라든가 "빨리 상대방에게 답변을 해줘야 하는데요"라며 직원이 서두르는 데다가 이쪽에서도 그러한 분위기에 휩쓸려 "알았소, 그렇게 하시오"라며 잘 생각해보지 않고 대답했다가는 나중에 생각지도 못한 낭패를 보기 쉽다.

시급을 다투는 안건은 상대방에게도 중요하지만 이쪽으로서도 중요한 안건일 때가 많다. 순간적으로 그러한 안건인지 아닌지를 판단해야 하기 때문에 사장의 업무는 힘들다. 이상하다고 느끼면 곧바로 답변하지 말고 시간을 두라.

"요즘 바쁘니까 2, 3일 정도만 미룹시다."

이렇게 즉각적인 답변을 피하는 방법도 '결정하는 중요한 기술'이다. 하다못해 30분이라도 좋다. 상대방의 분위기를 바꾸어야 한다.

이처럼 '시간을 다투는 안건'은 퇴근 전, 출장 가기 직전, 외출 직전에 갑자기 생긴다는 점도 알아두면 좋다.

결정하지 않고 기다리는 것도 방법이다
작은 파문은 자연히 소멸한다

이것도 판단하기는 어렵지만 사람과 사람 사이의 문제는 너무 일찍 결론을 내리면 나쁜 결과를 초래한다. 특히 파트타임 직원들끼리 사이가 틀어지는 문제라든가 젊은 직원의 소동에 대해서는 더욱 그렇다.

"C와는 함께 일하지 못하겠으니 부서를 바꿔주십시오"라는 예처럼 '사람의 감정'이 얽힌 문제에 대해서는 빠른 반응을 하지 말라.

이런 때는 "음, 그런가. 생각해보겠소"라고만 답변하고 머리에서 잊히지 않을 정도로만 기억하라.

중요한 것만 추출하라. 다른 안건은 뒤로 미루어라

예를 들어 기술부에서 새로운 설비가 필요하다고 요구했다 하자.

"뭐가 필요합니까?"

"○○와 △△와 □□가 필요합니다."

"그게 전부입니까? 지금 당장 모두 필요합니까?"

"아닙니다. 지금 안 하면 곤란하기는 하지만, ○○을 제외한 나머지는 당장 필요한 건 아닙니다."

"그렇다면 ○○만 일단 합시다. 다른 설비는 다음 기회에 생각해봅시다."

"예, 알겠습니다."

몇 년을 내다보고 행하는 설비 투자, 즉 거액의 투자에 관한 결정 방법이다.

"전자 사업부에 수백 억의 투자가 필요합니다."

"지금 당장 그 정도의 설비를 갖추지 않으면, 다른 회사와의 경쟁에서 지는가?"

"그렇지는 않습니다. 그러나 전자기기에 대한 100억 투자만은 지금 당장 필요하다고 생각합니다."

"그렇다면 우선 그것만 투자하도록 합시다."

이런 식으로 우선순위를 가릴 필요가 있다.

결정하기 전에 가능한 한 많은 조건을 내세워라

결정해달라고 해서 결정해주면, 나중에 다시 이렇게 해주면 좋겠다는 식으로 새로운 조건을 제시하는 경우가 제법 있다.

"당신의 보고에 기초해 판단했는데, 일을 시작하기 전에 전부 보고했어야 하지 않소."

나는 이렇게 호통을 친다. 이런 일은 담당 부서 부장과 과장의 판단이나 의견이 다를 때나, 사장이 그 보고서의 전망과 다른 결정을 했을 때 자주 발생한다. 경우에 따라서는 미리 상세하게 묻는 것도 중요한 기술이다.

결정할 때 직원 눈치를 보지 말라
언제나 회사의 장래를 보라

사장은 고독한 존재라고 했지만 고독감은 사장에게

만 있지 않다. 부장이나 신입직원도 마찬가지다.

인간은 의사결정을 할 때 고독해진다. 자신에게만 보이는 세계 속에서 판단해야 하기 때문이다. 집단을 거느리고 있는 의사 결정자는 고독하다.

직원은 사장이 볼 수 있는 시야의 3분의 1 정도밖에 보지 못한다. 3분의 1밖에 보지 못하는 사람에게 "전체를 보고 있는 사람의 기분을 이해하라"라고 말해봐야 통하지 않는다.

대부분의 직원, 아니 간부들조차 왜 사장이 그런 식으로 결정하는지 모른다. 사장의 결정이나 결정하는 방법을 직원들은 바로 이해하지 못한다.

결정할 때 직원 눈치를 보아서는 안 된다. 언젠가는 사장의 직원 결정에 대해 직원들도 "아하, 그랬구나"라고 납득하게 된다. 그런 소리를 들었을 때의 쾌감은 무엇과도 바꿀 수 없다.

이것이야말로 작은 회사의 사장으로서 갖는 보람이다. 고독의 도가 깊어질수록 기쁨은 그만큼 크다.

신입직원에게는 즉시 화답을 주고
간부에게는 "3일을 기다리시오"라고 한다

작은 회사의 경우, 상담이나 결재 사항이 정해진 경로를 통해서 이루어지지는 않는다. 어떨 때는 간부사원이, 어떨 때는 젊은 직원이 갑자기 결정을 내려달라고 한다.

"즉시 결정해주십시오"라는 이야기를 들었을 때 대응하는 방법은 앞에서도 서술했지만 다음과 같다.

- 젊은 직원이 말했을 때는 원칙적으로 바로 대답한다.
- 간부가 가져온 사안은 곧바로 대답하지 않는다.

첫째, 젊은 직원이 가져온 사안은 손해가 발생한다고 해도 규모가 크지 않다. 간부가 가져온 사안일수록 잘못 처리하여 문제가 발생하면 회사로서는 타격이 심하다.

둘째, 간부가 가져온 사안은 주요 거래처 문제 또는 간부들끼리 의논을 한 뒤에 가져오는 경우가 많다. 물론 회사를 위한다고 한 일이기 때문에 그 자체는 문제가 없다. 하지만 거듭 말하지만 간부의 시야와 사장의 시야에는 차이가 많다. 보다 넓은 시야를 갖고 있는 사장의 눈으로 다시 한번 냉정하게 검토해야 한다. 결론이 같아도 좋다. 큰 문제점을 사전에 발견한다면 말할 필요도 없다.

'시급한' 안건이야말로 '시간'을 두고 결정해야 한다. 이것도 하나의 중요한 결정 방법이다.

급한 결정을 내려야 할 경우라면
"예스"보다는 "노"라고 말하라.

—

찰스 닐슨
미국 리서치회사 닐슨 창업자

13

앉아서 기다리지 말고 일을 찾아 돌아다녀라

굳이 용무가 없더라도 거래처를 찾아다녀라.

일이란 일을 찾아 돌아다니는 사람이 차지하게 되어 있다

리코의 복사기나 캐논의 팩시밀리가 다른 회사를 압도하는 이유는 리코나 캐논의 세일즈맨이 정기·부정기적으로 고객을 방문하기 때문이다.

작은 회사를 경영하면 잘 알겠지만 리코나 캐논의 세일즈맨은 수시로 방문한다.

이러면 누구나 복사기나 팩시밀리 등의 사무기기를 구입하려 할 때, 곧바로 리코나 캐논을 떠올린다. 신문과 TV를 통해 가령 A사의 제품이 우수하다는 것을 알고 있다 하더라도 어디로 사러가야 하는지, 인터넷이라도 뒤져볼까 하던 참에 "안녕하십니까?"라며 세일즈맨이 들어선다면, 아주 특별한 일이 없는 한 그에게 자기가 찾고 있는 기종은 없는지 물어보게 된다.

우리 회사에서도 10개사 정도에 외주를 주고 있지만, '이 일은 어느 회사에 줄까. A사로 해볼까. 전화해봐야지'라고 생각하고 있는데, "안녕하십니까?"라며 B사의 사장이 들어오면, "이 일을 한번 해 보지 않겠습니까?"라고 말하기 마련이다.

눈앞에 있는 사람을 무시하고 어쩌다가 한 번씩 얼굴을 비치는 사람에게 일부러 연락을 해서 "일이 있는데 해보지 않겠습니까?"라고 말할 사람은 그리 많지 않다.

일이 궤도에 오를 때까지는 외모에 개의치 말라

신규 회사나 작은 회사의 사장은 회사 안에만 머물러서는 안 된다. 즉 책상머리에만 앉아 있어서는 안 된다. 고급 양복에 하얀 와이셔츠와 고급 넥타이를 매고 사내를 왔다갔다해서는 더더욱 안 된다. 깨끗한 셔츠를 입고서는 더러워질까 봐 복사기를 만질 기분이 나지 않는다. 책상머리에 앉아서 펜을 굴리면 소매가 더러워질까 봐 신경이 쓰인다.

작은 회사에서 사장이 해야 할 일이란 솔선수범하는 일이다. 필요하다면 천장 속을 들여다보기도 하고, 차 밑에 들어가야 하는 때도 있다. 창고에 들어가 작은 부품들을 꺼내오는 일도 있다. 이런 일들은 양복을 입고서는 할 수 없다.

사업이 안정될 때까지는, 아니 궤도에 오르고 나서도 당분간은 편한 작업복 차림이 좋다. 그러면 어쩌다가 양복을 입고 나가면 모두들 "사장님, 오늘은 어쩐 일이십니까? 모임이라도 있습니까?"라고 말할 것이다.

우리 회사가 거래하는 은행 담당자가 우리 회사 같은 작은 회사를 마음에 들어 하게 된 계기는, 언제나 작업복 차림으로 기계를 만지고 있는 나와 아내의 모습을 보고 난 뒤였다.

그가 언젠가 지점장을 데리고 와서 이렇게 말했다.

"지점장님. 자, 보십시오. 이 사장님은 이렇게 열심히 일하고 있습니다. 양복을 입고 있는 여느 회사의 사장님들과는 아주 다른 모습이 아닙니까?"

작은 회사를 경영하는 사장의 옷차림은 중요하다. 갓 창업한 회사 사장이 멋진 양복을 입고 있으면 사람들이 우러러보기는커녕, 속으로 '음, 이 회사의 앞날은 불을 보듯 뻔하군' 하며 경멸하는 경우가 많다는 점도 알아야 한다.

물론 부동산업 등 접객 관련 업무인 경우 작업복 차림이 적합하지 않은 일도 있다. 또한 직원의 수가 10을 넘어서고 사업도 안정에 들면 거꾸로 사장은 옷차림에 신경을 써야 한다. 신규 고객이라든가 외주 거래처는 오히려 사장과 간부의 복장을 보고 결정하기 때문에 이에 대응할 필요가 있다. 단지 기반을 단단히 다질 때까지는 외양 따위는 개의치 않는다는 자세가 좋다. 넘어야 할 산이 높으면 장비도 늘어난다.

필요한 곳이면 어디든 수시로 얼굴을 내밀어라

사장이 얼굴을 내밀고 다닐 때, 잊어서는 안 될 것이 또 하나 있다. '용무가 있을 때 얼굴을 내민다'가 아니라 '용무가 없어도 얼굴을 내민다'는 자세다. 이른바 '인사

차 방문'이다. "잠시 근처에 볼 일이 있어서 왔다가 들렀습니다. 잠시 실례하겠습니다"라는 식이다.

산요전기 고문 고토 씨는 이렇게 말한다.

"용무가 있어서 얼굴을 내미는 일은 누구나 할 수 있다. 용무가 없더라도 얼굴을 내밀 필요가 있다."

거래처든 친구든 가족이든 기본적으로 얼굴을 내밀 필요가 있다. 얼굴을 맞대는 일은 대단히 중요하다. 용무가 있든 없든 얼굴을 마주하면 이야기를 나누지 않더라고 마음이 통한다. 거꾸로 얼굴을 보는 기회가 뜸해지면 그것에 비례하여 마음도 멀어지고, 이해하는 수준도 낮아진다. 따라서 사장은 용무가 있든 없든 밖으로 얼굴을 내밀 필요가 있다. 이것도 중요한 사장의 업무다.

**이 세상에서 끈기보다 나은 것은 없다.
목표를 향한 초지일관과 끈기만이 성공을
보증한다**

—

캘빈 쿨리지
미국의 제30대 대통령

14

사장에게 '내일'이란 없다

사장에게 '내일 하자'는 말은 있을 수 없다.

작은 회사의 사장은 업무 시간이 따로 없다

작은 회사 사장의 업무란 24시간 내내 회사를 위해 종횡무진 일하는 것이다. 물론 잠을 자지 않는다든지 놀지도 않는다는 의미는 아니다. 다만 일이 생기면 일요일도 공휴일도 없다. 한밤중도 새벽도 따로 없다. 즉시 일에 몰두하는 것이 사장의 일이라는 뜻이다.

직장을 그만두고 독립한 후배가 한 명 있었는데, 한번은 그를 경험이 풍부한 일류 경영자와 만나게 해주었다.

"저는 밤 12시까지 잠자리에 들지 않으면 다음 날 온몸이 찌뿌드드하여 항상 충분하게 잠을 자둡니다."

76

그렇게 말하는 후배는 사실 체격이 좋다.

그런데 상담 상대인 경영자는 막 창업했을 때 폐병에 걸려 고생했지만, 그 병을 숨기고 열심히 일해 마침내 조그마한 봉제 공장을 세계 제일의 업체로 길러낸 사람이었다. 하지만 상담에 응해주는 대경영자는 안색 하나 변하지 않고 고개를 끄덕이며 후배의 이야기를 들어주었다.

나는 속으로 '그렇게 하면 안 돼'라고 되뇌었다.

모든 일은 오늘 처리해야 할 일이다

작은 회사의 사장이란 일이 생기면 자다가도 벌떡 일어날 만한 의욕과 실천력이 있어야 한다. '내일 하자'라고 미루어서는 안 되는 세계가 경영이다.

예상한 대로 후배는 1년 정도 지나 회사를 걸어치워야 했다.

세상이 발전하면서 대개의 일은 큰 방향으로 시스템을 따라 흘러간다. 하지만 그러한 커다란 시스템에서 벗어난 일이 작은 회사에게 이익을 가져다준다. 이익이 되는 일은 작든 크든 우선 붙들고 보는 것이 작은 회사가 커 나가는 길이다. 밤에만 또는 낮에만 자기 자신의 형편과 편의에 따라서 일을 선택하면 금방 밑천이 떨어진다.

지금은 네가
생각하는 것보다 훨씬 더 늦었다.

—

중국 격언

15

연락받고 보고받고 상담받는 일을 게을리하지 마라

보고할 수 있는 능력을 가진 사람이 누구인가를 파악하라.

연락받고, 보고받고, 상담받는 일이 사장의 일이다

사장의 중요한 업무 중의 하나가 '연락 · 보고 · 상담'을 잘 처리하는 일이다. 비즈니스 세계에서는 이것이 충족되고 있는지 아닌지에 따라 회사의 능력도 변화한다.

직원이 보고를 게을리하면 작은 회사로서는 어쩔 도리가 없다. 보고를 정확히 하는 사람은 특별한 지시가 없어도 보고를 계속해서 하고, 그렇지 못한 사람은 아무리 닦달해도 제대로 된 보고를 하지 못한다.

이럴 때 서슬 퍼렇게 "이게 뭐야. 이렇게밖에 못한

단 말이야"라고 마구 호통을 치는 경우가 많은데, 그렇게 하면 결과가 좋지 않다. 결국 다른 일에까지 나쁜 영향을 끼친다. 같은 내용을 몇 번이고 반복해서 야단치지 말고 정확하게 보고할 수 있는 사람을 보고자로 만들어라.

정확히 보고할 수 있는 사람인지 아닌지 알아보는 방법이 있다. 그 직원이 일일보고와 전화 메모를 기입하는 방법을 지켜보는 것이다.

우리 회사에서는 시중에서 파는 전화 메모용 노트를 사다 놓고 전화 내용이나 방문객을 기입한다. 이 노트에 기입하는 빈도수나 보고를 정리하는 방식 등을 검토한 뒤에 보고자로서 적합한지 아닌지를 판별한다.

적합하다고 여겨지면 그 사람에게 전화를 받도록 한다든지, 방문객이 오면 접대하게 한다. 물론 한꺼번에 여러 통의 전화가 오거나 여러 곳에서 손님이 찾아오는 경우도 있으므로 혼자서만 접대하는 것은 아니다. 그 사람도 자신의 업무가 있기 때문에 바쁜 때도 있다. 주로 접대를 하게 함으로써 많은 정보가 공중으로 사라져버리는 일을 없게 하라.

업무 흐름을 보고하기 쉽게 만들라

보고를 하려고 해도 보고받을 상대, 즉 사장인 당신이 늘 회사에 있지는 않다. 보고자는 잊어버리려고 해서 잊어버리는 것이 아니라 사장이 보이지 않기 때문에 보고할 기회를 놓쳐버리는 때도 있다.

그래서 나는 앞에서 서술한 '전화 메모용 노트' 말고 또 하나의 '전화 메모용 노트'를 사다 놓고 '사장용'이라고 써서 내 책상 위에 놓아두었다. 그 노트에,

- 내 앞으로 온 전화

- 나를 찾아온 방문객

- 직원이 나에게 '연락 · 보고 · 상담'할 내용

등을 적도록 했다. 회사에 있는 한, 한 번은 꼭 살펴본다.

> **현대의 기업은 배우는 조직이어야 한다.**
> —
> 《포춘》

16

사장은 필요한 데에
돈을 쓸 줄 알아야 한다

'투자'하지 않고 '성과'를 거둘 수는 없다.

절약이 꼭 능사는 아니다

'작은 회사'의 경우, 자기 손안에 충분한 여유 자금을 갖고 있는 사장은 드물다. 그야말로 1, 2만 엔의 자금 여유도 없거나 가족의 생계비조차 부족할 정도의 생활에서 출발하기 때문에 돈의 고마움이라고 할까 소중함이 몸에 배어 있다.

나 역시 10년쯤 전에야 겨우 한 가족의 생계를 꾸릴 수 있게 되었고, 그제야 대기업의 샐러리맨과 같은 수준의 살림살이를 유지할 수 있었다. 말하자면 인생의 태반을 궁핍하게 보낸 셈이다.

따라서 나는 좀처럼 돈을 쓸 수 없었다. 개인을 위해서든 회사를 위해서든 쉽게 지출할 수가 없었다는 뜻이다. 쉽게 말해 '투자'하기가 힘들었다.

개인을 위한 지출을 검소하게 줄인다 하더라도 회사를 위한 투자를 하지 않아서는 곤란하다.

"충분한 대가를 기대하려면 먼저 충분한 투자를 해야 한다."

이것은 어느 유명한 경영자가 한 말이다.

작은 회사의 경우, '투자'라고 해봐야 그렇게 큰 금액은 아니다.

그렇지만 극단적으로 이야기하자면 참고서적 하나, 노트 한 권만 하더라도 "오늘은 안 돼, 나중에 사자"며 다음 기회로 미루는 일이 자주 있다.

돈 쓰는 데도 전략이 필요하다

비품 따위를 가지고 이 정도니 하물며 큰 구매, 무엇보다도 중요한 자기 자신과 직원에게 지급할 임금과 보

너스, 그리고 여러 경비의 지급에 마음이 내키지 않는
등 소극적인 게 당연하다.

그러나 사장이 이렇게 하면 회사는 발전할 수 없다.
옛날에는 "열심히 일만 하시오. 임금은 알아서 줄 테니
까, 신경 쓰지 말고"라고 말하면 통했을지 모르지만, 오
늘날에는 통하지 않는 이야기이다.

"임금은 조금이라도 다른 회사보다 많이 주겠소, 그
러니 빈틈없이 일을 해주시오."

이렇게 하지 않으면 지금은 회사를 경영하지 못한다.

나의 경우는 근면하고 딱딱한 업무방식이 오랜 기간
몸에 배어 있다. 이러한 습관을 완화하기 위해 술집에
가서 노래도 부르고 술도 마셨다.

나 혼자 가는 것이 아니라 대개는 직원들이나 거래처
사람과 함께 간다. 직원들과 함께 가면 적어도 1만 엔 이
상을 지불해야 한다.

그렇지만 '한 번에 1만 엔'이라는 계산을 머릿속에 새
겨두면 필요한 비품을 산다든가 손님을 접대할 때, 또는
직원에게 상여금 지급을 결정할 때 '뭐, 괜찮아. 술집에
한번 데려간 셈 치지'라는 식으로 판단하게 된다.

그러면 결과적으로 필요한 때에 필요한 돈을 쓰게 된

다. 필요한 때에 필요한 돈을 쓰거나, 또는 '투자'의 판단을 하는 일은 사장에게 매우 중요하다. 적절하게 돈을 사용하면 회사의 실적도 향상된다.

돈을 벌려면 돈을 적절히 써야 한다.

—

플라우투스
로마의 희극 작가

17

한 달에 한 번 '보스 타임'을 설정하라

집중하면 사물이 잘 보인다.

사장만의 귀중한 시간, '보스 타임'

작은 회사의 업무는 다양하고 사소하다. 따라서 사장
도 조금씩은 자유 시간이 있지만 비교적 긴 자유 시간을
갖기는 어렵다.

일요일이나 공휴일에도 반나절이나 하루를 탕진하는
일이 종종 있다. 그래서 나는 매월 마지막 토요일을 '보
스 타임'으로 비워 놓았다.

'보스 타임'은 회사의 사장으로서 당장 처리하지 않
으면 안 되는 일을 집중적으로 고민하는 시간이다.

잠자기 직전이라든가 차 안, 식사하는 도중 등 그때그

때 갑자기 떠오르는 생각을 수첩에 메모한다. 그 가운데 '비교적 빨리 대응해야 하는 일'을 모아 이날 집중적으로 조사하고 생각하여 새로운 계획을 세운다.

- **직원 임금에 관해**

  직원 간 알력은 없는가. 누군가 불평은 없는가. 다른 회사 수준은 어떤가. 상여금을 조정해야 하는가.

- **경리부에 관해**

  지금 조직보다 더 나은 체제는 없을까. 외부에 상담할 사람은 없는가.

- **은행에 관해**

  지금 차입 총액은 얼마나 되는가. 각 은행 금리는 어떤가. 어느 곳의 상환을 먼저 해야 하는가. 적금이나 예금은 지금 이대로가 좋은가.

- **생산부 직원들의 작업에 관해**

  누가 과중한 일을 떠맡고 있는가. 손을 놓고 노는 직원은 없는가. 아르바이트생이나 파트타임 직원은 언제 보강할 것인가. 지각이나 잔업의 실태는 어떤가. 더욱 일하기 좋은 환경을 만들 수는 없는가.

- 영업부에 관해

  영업의 기본은 알고 있는가. 내가 생각하는 영업의 기본은 무엇인가. 영업에 손을 떼고 있지는 않은가. 목표 달성을 하지 못한 진짜 이유는 무엇인가.

- 대외관계에 관해

  최근 연락을 취하지 않은 사람은 누구인가. 관혼상제에 적절히 대응하는가. 명절 인사는 제대로 하는가.

그날 하루 동안 은행 잔고표, 차입금 명세표, 당좌 보고서를 끄집어내서 이것저것 검토하면서 세웠던 계획을 변경하기도 하고 새로운 일을 탐색하기도 한다.

경영자는
자신의 의무 이상의 것을 해야 한다.

—

마리 폰 에프너 에센바흐
오스트리아의 작가

회사 혁신을 위해 당장 해야 할 일

1 회사 경영에 방만한 점은 없는지 점검한다. 직원들이 모두
퇴근한 뒤 회사에 혼자 남아보자

　　☐ 정리, 정돈, 청소는 충분한가?

　　☐ 잔업은 누가 간섭하지 않아도 잘 실행하는가?

　　☐ 고정비를 최대한 줄이고 있는가?

2 느슨해진 직원의 마음을 죈다

　　☐ 사적 용도로 회사 돈을 사용하지 않는가?

　　☐ 직원의 정예화·소수화를 추진하는가?

3 타성에 젖은 일처리 방법을 개선한다. 저녁 6시 30분에
식사하고 하루 일과를 끝내도 잔업 수당은 나간다

　　☐ 두 사람이 하는 일을 혼자서 할 수는 없을까?

　　☐ 두 번 할 일을 한 번으로 끝낼 수는 없을까?

　　☐ 간접비를 철저히 줄이고 있는가?

4 직장 분위기나 경영 풍토의 혁신을 꾀한다

□ 경영은 반복, 같은 일이 또 생기는 법이다.

□ 문제가 수시로 일어나는 것이 경영, 문제가 항상 있는 것이 인생.

□ 싫증나지 않게 분위기를 조금씩 바꾼다.

5 단골 고객과 거래처 개선에 관한 새로운 계획과 원칙을 확립한다.

항상 잊어서 안되는 일 1

1 최우선 사항에 집중하라

- ☐ 시장을 정확히 파악하라.
- ☐ 주력 상품을 개발하라.
- ☐ 판매 방법을 점검하라.
- ☐ 비용을 줄여라.
- ☐ 생산 체제를 바꿔라.
- ☐ 조직을 강화하라.
- ☐ 거래처 방문 횟수를 늘려라.
- ☐ 상담 내용을 확인하라.
- ☐ 목표, 계획을 세워라.

2 창업 당시의 마음을 잊지 마라

- ☐ 창업 당시에는 돈, 사람, 거래처 아무것도 없었다.
- ☐ 항상 처음의 기백과 의욕을 잊지 마라.
- ☐ 불황은 제2의 창업기이다.
- ☐ 위험 신호가 보이면 원점으로 돌아가라.

□ 도산으로 가는 것은 아닌가 항상 점검하라.

□ 수동적 경영은 살아남지 못한다.

3 성공 코드, 4C를 주목하라

□ 변화(Change), 기회(Chance), 도전(Challenge),
 선택(Choice)은 성공의 확실한 키워드다.

□ 위기를 기회로 전환할 줄 아는 사장이야말로
 진정으로 강하다.

□ 선택과 집중이라는 말과 같이 사고의 전환과
 도전이 필요하다.

4 간단하고 명쾌하게 즉각 실행하라

□ 작은 회사는 업무 추진이 빨라야 한다.

□ 모든 일을 합리적으로 처리하라.

□ 양에서 질로 전환하라.

□ 부가가치가 높은 제품을 개발하라.

□ 작지만 균형 잡힌 조직을 만들어라.

□ 일단 실행하고 항상 체크하라.

5 명확한 목표 설정을 하라

□ 수치화한 구체적 목표 설정을 하라.

□ 달성 가능한 목표를 세워라.

□ 설정한 목표를 향해 불도저처럼 돌진하라.

□ 사장은 전진해야 한다. 강력한 의지를 가져라.

□ 사장이 주춤하면 직원은 쓰러진다.

□ 직원의 의욕을 높여라.

6 객관적 입장의 외부 인사를 두어라

□ 사장은 누구도 야단치지 않는다.

□ 항상 긴장의 끈을 놓지 마라.

□ 사장은 고독하다. 외부에 의지가 되는 사람을
　만들어라.

□ 훈수하는 사람이 잘 보인다.

제2장

작은 회사는
어떻게
해야 돈을 벌 수 있는가

18

돈을 못 버는 사장은 쓸모없는 존재다

훌륭한 경영이란 당연한 일을 당연하게 하는 걸 말한다.

사장도 돈을 벌어야 대우 받는다

사장의 업무는 무엇인가?

여러 가지가 있지만 가장 중요한 것은 돈을 버는 일이다. 돈을 벌지 못하면 자신은 물론 직원들도 넉넉하게 살지 못한다. 돈을 많이 벌어야 직원에게 높은 임금을 지급하고 세금도 낸다. 장래를 고려한 설비 투자도 가능하고, 거래처에 양질의 서비스도 제공할 수 있다.

'사장님' 하고 불리는 작은 회사의 사장은 사내에서는 우쭐댈 수 있지만, 은행이나 관공서에서는 그럴 수 없다. 비록 친절하게 대하기는 해도 사실 영세 기업의 경영자 따위를 별로 대단하게 생각지 않는다.

회사가 10년, 15년 꾸준히 실적을 쌓아야만 그제서야 대우가 달라진다. 그렇지만 그것도 오랫동안 거래를 계속한 단골 거래처나 단골 은행에서만 대우가 달라질 뿐이다.

최근에는 신용조사 기법이 발달해 작은 회사라 하더라도 무슨 일을 하고 있는지 확인하면 비교적 카드 발행이 쉽다. 그러나 카드 발행 문제를 제외하고는 작은 회사의 사회적 대우는 그다지 변화가 없다. 아니, 더욱 혹독해졌다.

작은 회사의 사장이라면 다음 말들을 늘 명심해야 한다.

자신이 병에 걸렸을 때는 누가 회사를 보살펴주겠는가.

회사에 사고가 났을 때는 누가 보상해 주겠는가.

만약 회사가 망하면 어떻게 되는가.

어떤 경우라도 사장은 스스로 자신을 돌봐야 한다. 즉 돈을 벌지 않으면 안 된다.

경영이란 돈을 벌기 위해 하는 것이다

혼다의 창업자 혼다 소이치로 씨는 이렇게 말한다.

"지금은 세상을 위하고 타인을 위한다면서 좋은 말을 많이 하지만, 처음 회사를 꾸려나갈 무렵에는 자기 자신만 생각했지요."

사업이 잘 되어야 비로소 다른 사람의 일에 신경을 쓸 여유가 생긴다. 세상과 타인을 위해 사업을 하는 것은 아니다.

모든 회사의 사업은 '돈을 벌려고' 하는 것이다. 이 사실을 다시 한 번 머릿속에 새기기 바란다.

경영의 달인이라고 할 만한 시마다 다쿠야 씨는 장사의 비결에 대해 한마디로 이렇게 말한다.

"값싸게 매입하여 비싸게 파는 것입니다."

또한 경영의 요령에 대해 마쓰시타 고노스케 씨는 이렇게 말한다.

"비 오는 날에는 우산을 쓰는 것입니다."*

---

* 화창한 날 우산을 준비해두면 비 오는 날 우산을 쓸 수 있다. 즉 잘나갈 때 어려운 시기에 대비하라는 뜻. 옮긴이 주

결국 당연한 일을 당연히 실행하는 일이 중요하다. 작은 회사도 마찬가지다. 이익을 얻기 위한 장사이기 때문에 목표는 돈벌이다. 사장이 해야 할 일은 회사에 많은 수익을 올려 직원을 행복하게 하는 것이다.

"나는 돈을 벌기 위해 사업을 하고 있다."

이러한 대원칙을 마음에 새기느냐 아니냐에 따라 회사 발전에 커다란 격차가 생긴다.

경영이란 돈을 벌기 위해 하는 것이다.

**이윤을 냈기 때문에
파산하는 회사는 없다.**

—

에리히 구텐베르크
독일의 경제학자

19

점잔 빼는 태도를 버려라

점잔은 비참함을 부른다.

점잔만 빼고 있어서는 경영을 할 수 없다

법인 신고 소득액이 약 9억 엔에 이르는 굴지의 엔터 테인먼트 회사로 자리매김한 '비전팩토리'Vision Factory 의 히라 데쓰오 창업자는 예능계의 밑바닥 생활만 20년 간 했다. '더는 물러설 곳이 없다'는 각오로 부지런히 노 력한 끝에 서른일곱 되던 해 봄, 마침내 예능 프로덕션 을 설립했다. 지금은 일본의 대표적인 슈퍼스타를 여럿 거느린 거대 프로덕션으로 성장했다. 그는 점잔과는 거 리가 먼 적극적인 성격이다.

매출과 이익이 꾸준히 증가하는 저력을 보이고 있는

'야마토 운수'는 일본 굴지의 유통업체인 미쓰코시가 배송 물량를 회수해가는 바람에 도산 직전에까지 몰렸었다. 그러나 이후 재기에 성공해 업계 정상의 자리에 올랐다. 야마토 운수의 성장을 이끈 사장도 점잔과는 거리가 먼 인물이다.

그는 규제가 많던 시절 그 규제를 하나하나 풀며 사업을 이끌어나갔다. 싸우고 또 싸워, 관료제라는 난관을 타개하고 점유율 50퍼센트로 정상의 자리에 올랐다.

폼 나는 일만 하려고 사장이 되었는가

1970년대 대부분의 운송 회사가 기업의 대규모 배달에 치중하고 있을 때 야마토 운수는 가정용 소규모 택배 사업에 처음으로 뛰어들었다. 야마토 택배는 운전기사와 영업직원이 함께 움직이던 당시에 운전기사가 운전과 배달을 함께하는 시스템을 채택해 비용을 줄였다. 그러나 지역별로 운송 범위가 법으로 제한되어 있어 전국 익일 배송은 난관에 부딪쳤다. 지역 화물업자를 설득하고 정부의 규제를 풀기까지 20년이나 걸렸다. 야마토 운수의 끈질긴 노력이 1조 엔 택배 시장을 만든 것이다.

성공을 손에 넣은 사람은 점잔 빼는 것과는 거리가 멀다. 그리고 지나치다 싶을 정도로 노력을 기울이는 경우도 다반사다. 노력도 하지 않고 여기저기 폼 나는 일만 찾아 돌아다니는 사람에 대한 일종의 경종이 아닐까.

'시대의 흐름'은 경영 전략과 전술을 일시에 바꾼다. 그러나 우리는 무엇이든 '시대의 흐름' 탓으로만 돌리는 것은 아닐까.

지금까지도 그랬지만, 앞으로도 회사를 구하고 집단을 이끄는 리더는 때에 따라서 추태도 보일 수 있는 사람, 겉모습 따위는 개의치 않는다는 사고를 갖고 시대를 이끌어 가는 사람이다.

'돈 버는 경영'이란 본디 힘들게 싸워야 하는 험한 면이 있는 것이다.

용기는 훌륭한 것이다. 그러나 끈기는 더 훌륭하다.

—

테오도어 폰타네
독일의 작가

20

경영을 잘 하려면 일단 일을 벌여놓고 보라

이것저것 따지지 말고 일단 시작해놓고 보라.

작은 회사의 경영은 일단 해보고 고쳐도 된다

작은 회사의 경영은 이것저것 따지기보다는 일단 시작해놓고 봐야 한다.

산토리(위스키 제조회사)의 표어 중 '하고 보자'가 유명한데, 이처럼 사장은 "해놓고 좋으면 계속하면서 더욱 잘하도록 한다. 나쁘면 그만두든가 고치면 된다"라는 식으로 해야 한다. 이것저것 생각에만 휩싸여 책상머리에 가만히 앉아 행동하지 않는 것은 사장으로서 절대로 해서는 안 될 일이다. 사장의 업무가 바둑이나 장기를 두는 일도 아닌데 가만히 앉아 있어서야 되겠는가.

YKK(지퍼 제조회사)의 요시다 다다오 사장은 이렇게 말했다.

"한 달 동안 이렇다 저렇다 생각만 잔뜩 하고 아무것도 하지 않는 사장과 한 달 동안 어느 것이든 해본 사장을 놓고 볼 때, 어느 쪽이 발전하겠습니까?

내가 보아온 바로는 하고 보는 사장이 결국은 성공하더군요. 하기야 시도하지 않으면 실패도 하지 않겠지만, 그래서는 성과도 없습니다. 일단 해보고 나면 작지만 성과는 있습니다. 설사 했다가 실패한다 하더라도 적어도 실패의 노하우가 축적되어 똑같은 실패를 되풀이하지 않습니다. 그러나 팔짱만 끼고 앉아 있으면 그것마저도 얻지 못합니다."

실행하지 않으면 실패도 없지만, 성과도 없다

나도 살아가는 방식에 대해서는 나름대로 원칙과 확고한 틀이 있지만, 사업만큼은 해보고 나서 고치는 유형이다. 제조업에서 실패하고 나서 '그 제조업의 잘못된 점은 무엇이었는가'를 생각한 끝에 운송업의 공동 반입을 기획하여 하나의 사업을 궤도에 올려놓았다. 그 사업이 성공함으로써 나중에는 본래의 제조업도 제자리를 찾았다. 공동 반입 사업도 사업 방식에 따라서는 운수업의 영역을 침범한다는 사실을 알고, 면허를 취득해 공동 반입의 업무를 줄여 한 개 회사가 한 가지 일에만 종사한다는 방침을 세우는 등 해보고 나서 고치는 방식을 수없이 반복하면서 '작은 회사의 경영'을 성공적으로 이끌었다.

과감한 시작은 절반은 성공한 것이다.

—

하인리히 하이네
독일의 시인

21

아이디어는 행동에서 나온다

행동하지 않는 곳에서 아이디어가 나오지 않는다.

백화점 선물 배달과 광고지가 낳은 아이디어

체면 생각 않고 열심히 일하다 보면 움직이지 않고 가만히 있을 때는 생각지도 못했던 발상이 떠오른다.

나는 회사를 그만두고 독립해서 출판사를 시작했다. 그런데 3개월 정도 지나면서 숨통이 막히기 시작했다. 대대적인 선전을 해 죽든 살든 승부를 보자는 생각도 들었지만, 그런 분에 넘치는 소리를 할 형편이 아니었다. 당시, 나는 처자식이 있었기 때문에 어떻게 하든 한 가족의 생계비를 책임져야 했다.

때마침 백화점에서 연말 선물을 배달하는 일이 있어

궁여지책으로 승용차를 가지고 일을 시작했다. 어쨌든 생계 문제를 해결해야 할 때였으니까, '이건 아닌데'라는 우울한 마음으로 혼자 조용히 정월 3일간의 연휴를 보냈다.

코타츠*에 발을 묻고 신문을 훑어보는데, 광고지의 '다품종 소량 수송 시스템'이라는 문구가 눈에 들어왔다.

그때, 번쩍하고 아이디어가 떠올랐다.

'그래, 나는 매일 도매상으로 책을 실어 나르고 있어. 하지만 내 차의 짐받이는 언제나 텅 비어 있지 않은가. 나처럼 작은 출판사가 매우 많고 그들은 각자 소량씩 다품종의 상품을 도매상으로 수송하잖아.'

바로 거기에 뭔가 할 수 있는 사업이 있을 거야! 백화점 물건을 배달하는 데 사용하던 나의 승용차와 광고지의 '다품종 소량 수송'이라는 문구가 딱 맞아떨어졌다.

나는 코타츠를 걷어붙이고 소규모 출판사용 '다품종 소량', 즉 책의 공동 배달 시스템의 회원을 모집할 전단을 급히 만들었다. 연휴가 끝나고 다시 일을 시작하자마

* 일본식 온열 담요 테이블

자 수십 개의 출판사에 광고 전단을 발송했다. 3, 4일째 부터 신청이 들어오기 시작하더니 월말에는 8개 사로 늘어났다.

체면 불구하고 행동할 때 아이디어를 얻을 수 있다

이렇게 하여 나는 정기적인 수입원을 확보하고 집안 살림을 꾸려 나갔다. 만약 내가 승용차로 백화점 물품을 배달하는 일을 체면 때문에 하지 않았더라면, '다품종 소량 시스템'이라는 문구를 보고도 새로운 사업을 구상 할 수 없었을 것이다.

지금 성업 중인 '아트 이삿짐센터'도 소형 트럭 한 대 를 가지고 시작했다. 처음에는 일이 있을지 없을지 몰라 불안하여, 고민 끝에 어느 회사의 하청을 맡았다. 하청 일은 주말에 쉬었다. 그냥 놀기에는 시간이 아까워 토요 일과 일요일에는 이삿짐을 날랐다.

출발→불안정→하청→안정→수입은 적고 시간은 많다→일을 더 하고 싶다→토요일과 일요일에는 이삿짐을 나른다→성공

실천에서 아이디어가 나온다.

이삿짐센터를 잘 운영하려면 고객, 특히 주부 입장에 서서 서비스를 해야 한다. 불필요한 물건을 처분해주고, 포장에서부터 짐을 풀고 내리는 일까지 모든 일을 완벽히 대행해줌으로써 주부에게 대환영을 받으며 이삿짐센터는 더욱 번창한다.

사업에만 한정하지 말고 무슨 일에서든지 '아이디어는 실천에서 나온다'는 사실을 염두에 두고 실행하라.

아는 것보다 실천하는 것이 더 중요하다.

—

탈무드

22

체제에 개의치 말고 3년, 체제 정비는 1년

창업 후 3년은 무조건 목표를 향해 돌진한다.

창업 후 3년은 회계분석이나 경영분석에 연연하지 마라

"대차대조표를 읽을 수 없는 경영자는 회사를 망친다"는 말이 있다. 경영의 기본은 '지출을 억제하고 수입을 늘리는 것'이란 점을 지적하는 말이다. 달리 말해 효율적으로 경비를 운용해 수입을 늘리기만 하면 된다는 것이다.

작은 회사는 아직 회계분석이라든가 경영분석이라는 차원까지는 이르지 못한 규모다. 자신이 직접 둘러보면서 회사를 파악하는 처지니 그럴 필요가 없다. 직원이 50명, 100명, 300명으로 점차 늘어나 자신의 직감과 판단만으로는 도저히 감당 못 할 때야 비로소 P/L(손익계산서)이나 B/S(대차대조표)가 강력한 힘을 발휘한다. 직원이 10명 이하인 조그만 회사 경영자 중에서도 장부나 분석표 더미에 파묻혀 지내는 사람이 있다. 여력이 있다든지 또는 사내에 경리 업무를 잘 보는 사람이 있다면 P/L, B/S나 각종 분석표를 만들어도 괜찮지만 그렇지 못하다면 이것은 잘못이다.

뭐니 뭐니 해도 작은 회사의 사장은 "오늘 목표는 OO만큼이다"라는 깃발을 내걸고 자신이 앞장서서 사내의 모든 역량을 동원해 무조건 그 목표를 돌파해야 한다. 핑계나 이론도 필요 없다. 인내심을 가지고 계속 노력해 나가야 한다. 지나치게 단순하게 말한다고 생각할지 모르겠지만, 내가 경험한 바로는 작은 회사가 발전하려면 '우선 목표를 정해놓고, 그것을 돌파하기 위해 오로지 열심히 일하는 방법밖에 없다.

3년, 1년, 다시 3년의 공식

예컨대 창업 때(또는 금년)부터 3년 동안 무조건 목표를 향해 내달린다.

어느 정도 목표를 달성해 신입직원이 들어오고, 비록 많지는 않지만 인재도 양성했다고 느끼면, 다음 1년 동안은 제로 성장을 하더라도 과감하게 사내를 정비한다. 즉 인력을 재배치한다든지, 장부를 다시 정리한다든지, 근무시간을 변경한다든지, 조금 넓은 곳으로 사무실과 작업장을 옮겨도 본다.

내부 다지기를 1년 동안 충실하게 한 다음에 "자, 또 시작합시다"라며 새로운 목표를 수립해 "힘들지만 목표를 반드시 달성하자"라며 일치단결하여 일에 매진한다.

이렇게 3년 동안 거듭하고 나서는 또다시 영업 책임자, 생산 책임자 등과 함께 둘러앉아 머리를 맞대고 각 부서의 문제를 생각해본다든가, 현장에서 조정해야 할 부분을 개선한다.

부드러워지려면 먼저 강해져야 한다.

—

조지프 슘페터
미국의 경제학자

23

거래처는 한순간에 사라질 수 있다

오늘 일이 있다고 해서 내일도 일이 있으리란 법은 없다.

'어느 날 갑자기' 거래처가 사라진다면

일은 아차 하는 순간에 달아나버린다. 홋카이도에서 도道 내의 전화번호부 인쇄 제본을 혼자 도맡아 하던 회사가 있었다. 그런데 어느 해부터 센다이 시의 한 업체가 전화번호부 인쇄 제본을 독차지해버렸다. 홋카이도 업체의 입장에서는 갑자기 눈앞에서 거대한 물량이 사라진 것이다.

도쿄 신주쿠에 자체 공장을 갖고, A사의 카탈로그 일체를 인쇄하던 회사가 있었다. 하지만 수년 전 A사가 돌연 싱가포르에 모든 주문을 넘겼다. 하루가 다르게 성장을 거듭하던 인쇄 회사는 아차 하는 순간에 도산해버렸다. 우량 기업이었지만 하루아침에 허무하게 막을 내렸다.

수년 전 나는 사내 컴퓨터를 새로 바꿨다. 기존의 R사 제품을 M사 컴퓨터로 교체했다. 이 과정에서 R사의 영업직원은 내 앞에서 눈물을 보이기까지 했다. 나는 R사 영업직원의 열의에 감동을 받았지만 결국 컴퓨터는 M사 제품으로 바꿨다.

'일'과 '고객'은 언제 떠날지 모른다

고객에게는 고객 나름의 사정이 있기 때문에 업체를 바꾼다. 물론 그렇게 하기까지 여러 차례 고심을 하게 되지 갑작스럽게 결정을 내리는 경우는 없다. 판매 회사 입장에서는 고객의 제품 교체 시기를 전혀 눈치채지 못했기 때문에 그저 '어느 날 갑자기' 생긴 일이라고 생각할 뿐이다. 그러나 원인은 고객의 동향을 제대로 파악하지 못한 영업부의 태만 때문이다.

불황 속에서 큰 공장의 폐지, 축소, 이전 등이 계속되고 있다. 이전하고 나면 주변에 다닥다닥 붙어 있던 식당이나 상점도 폐점해야 할 위기에 몰린다. 거기다 부근에 갑자기 대형 할인매장이라도 들어서면 식당이나 상점을 찾는 고객의 발길은 점점 뜸해진다. 고객이 대형 할인매장으로 빠져나가기 때문이다.

'일'이란 항상 달아날 준비를 하는 것이다. '상품'의 가치는 바뀐다. '사람'의 마음은 변한다. '고객'이란 언제 떠날지 모르는 존재다. "내일은 오늘의 연장선에 있다"라는 말을 가슴속 깊이 새겨야 한다.

'돈 버는 경영'은 '일이란 사라져버리는 것'임을 인정하고 대비하는 것이다.

> **오래된 고객을 붙잡아라.**
> **그것이 새 고객을 얻는 것보다 몇 배나 싸다.**
> —
> 레오 헬첼
> 미국의 경영학자

24

실적 좋던 작은 회사가
갑자기 망하는 이유

매출액의 증대가 반드시 좋은 것은 아니다.

매출이 증대할 때를 조심하라

매출액이 증대하는 것은 분명 좋은 일이지만, 현금 거래를 못하는 작은 회사의 경우 잊어서는 안 될 사항이 있다. 그것은 다음과 같다.

- 매출액이 증가하면 '외상매출금' '받을 어음' '상품 재고'도 증가한다.

- '외상매출금' '받을 어음'의 증가가 '지급어음' '외상매입금'의 증가보다도 많아지면, '차액' 부분만큼 '차입금'이 증가한다.

이 점을 직원들에게 잘 교육하지 않으면 큰일 난다. 영업직원이 열심히 일해 돈을 벌어오는 것은 좋은 일이지만, 매출 확대 일변도로 나아가 '외상매출금'과 '받을어음'이 증가하면 '지급어음'과 '외상매입금'과의 차액이 점점 증가하여 자금 융통이 막혀버린다.

'판매'를 외상으로 하면 '구매'도 외상으로 하라

구매할 때는 현금으로 지급하는 대신 반드시 값싸게 구매해야 한다. 판매도 적당한 이익을 붙여 현금 판매를 한다. 이렇게 하면 아무런 문제가 없다.

그런데 구매는 현금으로 가능한 싸게 하고, 판매는 외상 판매나 어음으로 받는 대신 판매 가격을 높이면 어떻게 될까?

이렇게 하여 많이 팔리면 '외상매출금'과 '외상매입금'의 차이가 커지게 되어, 매출액을 올리면 올릴수록 운전자금*의 부족을 겪는다. 때문에 상당한 자금력이

---

* 회사나 공장에서 임금 지급, 원료 구입 등에 필요한 자금으로 기업이 사업을 추진하는 데 있어서 필요불가결한 자금

없으면 유동성 부족으로 돈을 벌기도 전에 속수무책으로 도산한다. 그러한 예가 적지 않다.

따라서 '판매를 외상으로 하면, 구매도 외상으로'하는 일이 무엇보다도 중요하다.

기업이 저지르는 대부분의 실수는 사업이 안
될 때가 아니라 잘될 때이다.

—

알프레드 헤르하우젠
독일의 은행가
도이치방크 전 대표

25

강력한 영업부를 만들어라

상품을 만들어도 팔지 못하면 돈은 들어오지 않는다.

영업이 회사를 먹여 살린다

회사에서 돈을 버는 부서는 '영업부'다. 어떤 회사든 영업부가 튼튼하지 못하면 발전도 없다. 회사의 모든 부서는 영업부 업무가 원활하게 돌아가도록 협력해야 한다. 영업이 회사를 먹여 살린다는 점을 명심하라.

그런데 작은 회사일수록 뜻밖에 '영업 감각'을 제대로 갖추지 못한 경우가 많다. 업종에 관계없이 커가는 회사는 거의 예외 없이 '영업부'가 강력하다. 작은 회사에서도 영업부를 무시하면 안 된다. 영업부가 없다면 당장 만들어야 한다.

나는 「머리말」에서 언급한 『반드시 이익은 세 배가 된다』를 명저라고 생각한다. 이 책은 사내 경영연구회에서 교재로 사용하기에 아주 적합한데, 이 책에 따르면 '실적이 뛰어난 회사 영업부의 특징'은 다음과 같다.

- 사장이 영업에 특별한 관심을 갖고 있다.

- 영업직원 출신 사장이 많다.

- 영업부장의 능력과 인격이 뛰어나다.

- 회사가 영업을 중심으로 돌아가고 있다.

- 뛰어난 영업직원이 많다.

- 실적을 중요하게 생각한다.

- 거래처를 중요하게 생각한다.

- 각자가 목표를 명확히 달성하려는 의욕이 넘친다.

- 일에 철저하다.

- 전반적으로 임금이 높다.

- 회사와 거래처의 이익에 공헌하는 영업을 한다.

- 강한 자부심을 가지고 일한다.

이러한 사항은 '강력한 영업부'를 만들기 위해 검토해야 할 필수 사항이다.

우리 회사도 영업부가 강력하다. 더구나 앞에서 열거한 항목의 80퍼센트 정도는 실행하고 있다고 자부한다.

이제는 웬만큼 우수한 제품이 아니고서는 팔리지 않는다. 우수한 제품이라 해도 고객의 눈이 미치는 곳에 있지 않으면 팔리지 않는다. 과연 고객의 눈에 띄는 곳에 놓아둘 힘이 있는가 아닌가는 영업부의 능력에 달렸다.

세일즈는 정기·부정기적으로 돌아다니는 일이라 육체적, 정신적으로 매우 피곤한 일이다. 사장은 "목표를 달성하라"는 명령으로 끝나지만 영업직원은 날이면 날마다 직접 전쟁터로 뛰어다녀야 한다. 타사의 견제가 있는가 하면 고객으로부터의 불평도 있다. 자리에 있으면서도 없다고 하면서 무시하고 박대한다. 때로는 빈정대거나 야유를 퍼붓기도 하는 등 갖가지 수모를 당한다. 영업은 정말로 힘든 일이다.

강력한 영업부를 만들 사람은 사장밖에 없다

사장은 영업부 일이 순조롭게 돌아가도록 회사 체제

를 정비해야 한다. 작은 회사에서 우수한 상품을 개발하고 생산하는 일은 사장의 몫이다.

영업직원의 고충을 진지하게 듣고 날마다 영업일지를 읽는 일도 사장이 영업부에 취해야 할 태도이다. 지쳐서 돌아오는 영업직원을 따뜻하게 맞아주고, 분위기를 밝게 해주며 활력이 넘치게 해주는 직원을 영업부에 배치해주는 배려도 사장이 해야 한다.

영업부를 강화하는 가장 빠른 방법은 강력한 영업부를 가진 경쟁 회사나 우량 기업의 영업 방식을 철저히 연구하는 일이다. 영업에서 가장 중요한 점은 예나 지금이나 거래처에 주문을 받으러 돌아다니면서 "뭐 주문할 것 없습니까?"라며 얼굴을 내미는 일이다.

거래량이 많은 곳이나 대형 양판점에서는 특히 자주 얼굴을 내비쳐야 한다.

그렇지만 실제로는 영업직원 수에 비해 돌아다녀야 할 거래처가 많기 때문에 모든 곳을 다 돌아볼 수 없다. 팩시밀리, DM 발송, 거래처 선별 방문 등으로 나눠서 영업 전략을 짜야 한다.

또 하나 사장은 영업부가 목표를 달성하기 쉽도록 좋은 환경을 만들어주어야 한다.

영업부의 '목표 미달성'은 '사장의' 업무 미달성이다.

"우리 영업부는 역량이 부족해서⋯⋯."

이렇게 이야기하는 사장이 있다면 부끄러워해야 한다. 강력한 영업부를 만들 사람은 사장밖에 없다.

모든 것을 제쳐놓더라도 우선 영업부에 공을 들여야 한다.

마케팅은 그것을 담당하는 부서에만 맡겨버리기에는 너무도 중요하다.

—

데이비드 패커드
휴렛패커드 창업자

26

작은 회사의 사장은
높은 보수를 받아야 한다

경리 업무에서 사장이 반드시 확인해야 할 사항.

경리 업무의 기본은 '영업'의 기록과 계산이다

사장이 경리 업무 중에서 확인해야 할 사항으로는 다음과 같은 것이 있다.

- 매출액은 늘었는가

- 외상매출금은 늘었는가

- 재고는 늘었는가

- 현금 잔고는 얼마나 되는가

- 예금은 얼마나 되는가

- 예금은 늘었는가

- 고정자산은 늘었는가

그리고 여기에 대응해야 할 요소로서는 다음과 같은 것이 있다.

- 외상매입금은 늘었는가
- 차입금은 늘었는가
- 차입금의 잔고는 얼마인가

이 정도의 숫자를 파악하면 자금 사정을 대략 알 수 있다.

지나치게 증가한 부분과 지나치게 감소한 부분을 발견하면 원인을 찾아야 한다.

그 원인이,

- 일과성인가 외부 영향 탓인가
- 위험성을 내포하고 있나

이 점을 파악하는 것이 중요하다.

작은 회사의 사장이 '경리 업무 중에 확인해야 할 사항'은 그렇게 많지 않다.

경리 업무의 기본은 '영업'의 기록과 계산이다. 유동 비율*이라든가 매출총이익률, 또는 여러 가지 경영 비율**, 전년 대비 신장률 등 여러 가지가 있지만, '회사가 조금 안정되었구나'라고 느끼기 시작했을 때부터 연구를 해도 충분하다.

사장의 보수는 '비용이 싼 차입금'이 될 수 있다

사장은 가능한 한 높은 보수를 받아야 하고 은행에 개인 예금을 많이 해야 한다. 실제로는 작은 회사에서 많은 보수를 받는다는 것은 어려운 일이지만, 무슨 일이 생기면 사장은 돈을 융통하지 않으면 안 된다.

자금을 어떻게 조달할 것인가. 계산상으로는 흑자라 하더라도 자금 융통을 하지 못해 도산하는 경우가 종종 있다. 계산상의 적자는 나중에 얼마든지 회복 가능하다. 그러나 자금 조달을 하지 못해 파산하면 끝장이다.

---

* 유동자산을 유동부채로 나눈 비율로, 높을수록 지불 능력이 커진다
** 수익, 유동, 생산 등의 관계를 비율로 표시한 것

"이익도 적은데 사장의 보수가 너무 높다"라고 말하는 사람이 있다. "이익이 얼마든 사장의 보수는 올리는 것이 좋다"라는 의견을 내놓는 사람도 있다.

임금을 받으면 소득세를 내고 이익을 남기면 법인세를 낸다. 가능한 한 법인세는 적게 내고, 사장 개인의 소득을 늘리는 것도 좋은 방법이다.

왜냐하면 은행은 '회사의 이익'보다 '사장의 개인 예금'이 많은 쪽을 더 선호한다. 사장의 소득이 많아지면 개인 예금도 늘어난다. 이런 '사장의 개인 예금'은 유사시에 회사의 운전자금으로 돌릴 수 있는 '비용이 싼 차입금'이다. 또는 '사장의 개인 예금'을 담보로 은행은 안심하고 돈을 빌려준다.

사람들이 가장 가치 있게 생각하는 능력은 지불 능력이다.

—

오스카 블루멘탈
독일의 작가

27

부채도 자산이다, 효율적으로 활용하라

사업이 발전할 때는 차입금도 늘어나는 법이다.

충실하게 자기 자본을 다지는 것이 사업의 기본

자본금은 적어도 괜찮지만 '자본'이 적으면 회사 경영이 원활하지 못하다. 작은 회사라고 하더라도 경영은 자본의 회전·증식 활동이다. 돈이 돈을 낳는 형태이므로 사내에 '자본'이 축적되어 있지 않으면 안 된다.

성장하는 과정에서는 이 자기 자본의 축적이 좀처럼 쉽지 않다. 벌어들인 이익을 직원들에게 임금이나 상여금의 형태로 지급하고, 주주에게는 배당이라는 형태로 환원하고, 매입처에는 지급어음의 결제 기한을 단축 하는 것이 우선이기 때문이다.

그러나 이러한 환원에도 한도는 있다. 직원에게 주는 상여금이 연간 1,200퍼센트를 넘는 회사는 극히 드물다. 따라서 작은 회사에서도 아무리 잘 준다고 해도 1,200퍼센트가 한도다. 게다가 배당도 100퍼센트 이상은 무리다. 거래처에도 현금으로 지급하는 결재 방법 이외에 더 좋은 방법은 없다.

이렇듯 할 수 있는 한 최대한도로 실행한 후 충실하게 자기 자본을 다져라. 이 점을 분명히 알아두기 바란다.

빚내는 걸 두려워하지 말고 효율적으로 운용하라

작은 회사라고 해서 부채를 두려워할 필요는 없다.

'차입을 두려워하기' 전에 '차입을 할 것인가 말 것인가'를 먼저 생각해야 한다. '어떻게 이자와 원금을 지불하고도 살아남을 수 있을까' 같은 생각은 하지 않아도 된다는 얘기다. 만약 차입한다면, 차입 금리를 상회하는 이익률로 자본을 운용하라. 운용할 자신이 있다면 차입을 두려워하지 마라.

사업을 하다가 처음으로 남의 돈을 쓰게 되면 불안해

지지만, 작은 회사이기 때문에 오히려 돈을 빌리는 경우가 생기는 것이라는 여유 있는 마음가짐이 필요하다.

무엇보다 빚을 두려워하기 전에 '빌려줄까, 어떨까'를 먼저 고민하는 것이 우선순위다. 만약 대출받는 것이 가능하다면 두말할 필요 없이 금리를 상회하는 효율을 내는 방향으로 자본을 운용할 생각을 해야 한다. 1할의 금리도 두 번 돌리면 5부가 된다. 운용할 수 있는 자신이 있다면 차입금을 두려워해서는 안 된다.

작은 회사가 의욕적으로 일을 추진하다 보면 어쩔 수 없이 차입을 하게 된다. 새로운 업무에 도전하려면 돈이 필요하기 때문이다. 나중에 다시 설명하겠지만 매출이 늘어나면 운전자금도 커지게 되고, 이때부터 차입금의 신세를 질 수밖에 없다. 차입금을 두려워하지 말고 오히려 효과적으로 사용할 방법을 찾아보는 편이 더 낫다.

의욕적으로 일을 하면 차입할 시기는 반드시 온다.

발전에는 항상 모험이 따른다.
—
미국 격언

28

성장하려면 균형을 무너뜨려야 할 때도 있다

한길만 고수하는 외곬이어서는 안 된다.

도산 직전인 회사가 빌딩을 매입한다고?

회사는 수입보다 지출이 많아지면 언젠가는 무너진다. 물론 지출보다 수입이 많으면 임금을 원활하게 지불하고, 거래처와도 호의적으로 거래를 계속할 수 있다. 게다가 세금을 내기 때문에 크게 보면 국가 발전에도 어느 정도 이바지한다.

하지만 최근 일본의 회사 10개 가운데 7개가 이런 원칙을 제대로 지키지 못한다. 수입보다 지출이 많은 회사가 전체의 70퍼센트를 차지하고 있기 때문이다.

회사 경영에는 파도가 있기 마련이다. 밀려드는 파도가 있는가 하면, 밀려나가는 파도도 있다. 균형을 제대로 잡는 것이 경영이다. 그러나 성장하는 회사는 일부러 수입과 지출의 균형을 무너뜨려야 할 때도 있다.

5년 전 나는 도쿄의 한 역 부근에 임대료 300만 엔인 사무실을 얻었다. 파트타임을 합쳐 직원이 35명 정도이기 때문에 인원수 대비 임대료 균형이 맞지 않았다.

그 무렵 융자 문제로 우리 회사를 찾아온 금융 기관의 영업직원은 결산서를 보자마자 당황해서 돌아갔다. 그 후 "융자 얘기는 없었던 것으로 해주십시오"라고 일방적으로 통보했다. 나는 그에게 이것저것 물어보았다. 그러자 그는 "결산서를 보면 당신 회사는 도산 직전임을 쉽게 알 수 있습니다"라고 말해주었다.

균형만 따져서는 성장하지 못한다

이런 일이 있은 후 2년이 지나 우리 회사는 신용금고에서 돈을 빌려 좀 낡긴 했지만 본사 빌딩을 매입했다. 임대료 300만 엔이 그대로 변제 재원이 되었다. 그렇다면 그 영업직원은 바보였을까, 아니면 능력이 모자라는 직원이었을까. 전혀 그렇지 않다.

결산서를 보고 단기간에 재무 내용을 파악했기 때문에 오히려 우수한 인재라고 인정된다. 그의 일 처리는 정확했다. 대출을 해줘서는 안 된다는 판단을 내릴 만큼 당시 우리 회사의 결산 내용은 이미 균형을 잃었다.

그렇지만 회사를 경영하다 보면 반드시 균형을 무너뜨리지 않으면 안 되는 때가 있기 때문에 한길만 고수하는 외곬이어서는 안 된다. 작은 회사가 균형만을 생각한다면 아무리 시간이 지나도 크게 성장하지 못한다. 작은 회사의 사장은 금융 기관이나 직원, 거래처도 판단을 내리기 어려운 '외줄타기' 곡예를 해야 한다. 물론 건너지 못하는 때도 있고, 건너서 결실을 맺는 경우도 있다.

틀이 깨지면 새로운 세계가 나타난다.

—

틸리 쿠퍼버그
독일의 가수

29

절세는 '매출액'을 생각하라

절세 전략을 반드시 수립하라.

절세는 매출액 신장과 똑같은 효과를 갖는다

업종, 업태에 따라 다르지만 일반적으로 제조업체의
이익률은 10퍼센트, 도매상은 3퍼센트, 소매상은 8퍼센
트 정도라고 한다.

이익률이 3퍼센트라고 한다면 당신은 즉시 계산이 되
는가. 당신 회사의 직원들 역시 바로 판단할 수 있을까.

이익률 3퍼센트는 100엔어치의 물건을 팔아서 3엔밖
에 벌지 못한다. 1,000엔이면 30엔, 1만 엔이면 300엔,
10만 엔이면 3,000엔, 100만 엔이면 3만 엔……

당신 회사에 수십만 엔이나 되는 급여를 받는 직원이

몇 명인지 모르겠지만, 이것을 우선 당신과 직원들의 머리에 입력해두어야 한다.

만일 직원들이 300엔짜리 대형 종이봉투 한 장을 낭비했다면 이를 메우기 위해서 1만 엔 이상의 매출을 올리지 않으면 안 된다. 손실분을 보충하는 어려움, 이익을 내는 어려움을 이해하기 쉬운 숫자 형태로 직원에게 각인시키자.

업종이나 업태, 자기 자본력, 취급 상품 등에 따라서 크게 다르지만, 예컨대 '세금 공제 후 이익'을 100만 엔 늘리려면 매출액이 얼마가 되어야 할까.

가령 우리 회사의 경우 다음과 같다고 하자.

- 이익률을 12퍼센트라고 한다.
- 경비로 매출액의 8퍼센트를 사용한다.
- 세율은 법인세, 주민세 등을 포함해 60퍼센트이며, 그 외 경비는 증가하지 않는다고 하자.

이렇게 하면 다음과 같은 계산 방식이 성립한다. 우리 회사가 세후 이익 100만 엔을 얻기 위해서는 매출액을 2,000만 엔 이상 늘리지 않으면 안 된다. 따라서 가령

100만 엔을 절세하면 2,000만 엔 이상의 매출액 신장과 같은 효과를 보는 것이다.

작은 회사의 사장이 세무에 관심을 가져야 함은 이런 이유에서다. 100만 엔의 절세는 1,500~2,000만 엔의 매출액 증대에 해당한다. 따라서 작은 회사야말로 절세에 많은 관심을 기울여야 한다.

영업직원이 하루 결근하면 매출 감소는 그날뿐이라고 생각하기 쉽지만, 만약 출근했다면 우량한 고객을 만나 두 배 이상의 매출을 올렸을지도 모를 일이다. 또한 회사는 매출은 오르지 않고 임금은 지불해야 하기 때문에 양쪽에서 펀치를 맞는 셈이다.

주먹구구식 경영에서 벗어나려면 '사장학 사전'을 만들어라

아무래도 작은 회사의 경영은 그때그때 되는대로 하는 경향이 있다. '그래서는 안 된다'고 컨설턴트들은 쉽게 말하지만 작은 회사의 경우 되는대로 일을 처리하지 않을 수 없는 경우도 있다.

체계적이지 못한 경영에 대해 '왜 잘 풀리지 않았을

까''왜 실패했을까' 등을 따로 수첩에 적어라. 어느 정도 시간이 지나 10명 이상의 직원을 거느린 회사를 차렸을 때 이 효과는 분명히 나타난다. 돈을 벌었으면 '왜 벌었는지'를 분석해야 한다.

실패했다면 '원인을 파악하고' 메모해야 한다. 그러면 마침내 훌륭한 '사장학 사전'이 완성된다.

백만 달러를 절약했다는 것은 백만 달러를 벌었다는 뜻이다.

—

노먼 R. 어거스틴
마틴록히드 사의 전 대표

30

절세하려면 유능한 회계사무소를 찾아라

유능한 회계사무소를 선택할 때 주의할 점.

세무사의 능력에 따라 세금의 단위가 달라진다

세무사나 회계사무소 등은 어느 곳에 의뢰하더라도 결과는 마찬가지라고 생각하는 사고방식은 잘못이다. 나는 단순히 세무사를 바꾸어 2,000만 엔 가까운 세금을 절약한 경험이 있다.

상속이나 증여 등 거액의 세금 문제가 얽혀 있는 경우에는 공인회계사나 세무사가 우수한가 아닌가에 따라서 납세액이 전혀 없기도 하고, 2천5백만 엔이 되기도 한다.

우수한 회계사무소는 열심히 연구한다. 우수한 회계

사무소에는 손님이 몰린다. 몰려드는 손님은 당연히 막대한 세금을 물어야 하는 자산가나 기업가다. 따라서 우수한 회계사무소에는 절세·탈세 등에 관한 다양한 노하우와 전문가만의 기법이 있다. 알면 모르는 것보다 수백만 엔의 차이가 난다. 이것이 조세의 세계다.

치과에 갈 때는 최신 기술과 지식을 습득한 젊은 개업의가 노련한 노의사보다 낫다고 한다. 하지만 회계사무소의 경우, 오래된 쪽이 좋다. 부자父子 2대가 모두 공인회계사나 세무사로 있는 회계사무소는 더할 나위 없이 좋다. 이러한 곳은,

- 여러 가지 사례를 취급한 경험이 많다.
- 갖가지 세무 조사를 입회하고, 세무서 직원을 다루는 솜씨가 뛰어나다.
- 아버지 쪽은 풍부한 경험을 가지고 있고 아들 쪽은 열심히 공부하여 해마다 바뀌는 세무 제도에 밝다.
- 세무서에 안면이 많다.
- 직원들은 경험이 풍부하고 우수하다.

이제 막 발을 내딛는 신출내기 회계사와 능력을 비교할 때 하늘과 땅 차이가 난다.

세무사, 공인회계사를 불문하고 의뢰를 받으면 마치 '종鐘'과 같이 프로답게 대처한다. 종은 크게 치면 칠수록 큰 소리를 낸다. 이쪽에서 약하게 두드리면 소리도 작게 나는 법이다.

"이러한 예비금은 사용할 수 없는가."

"뭔가 특별상각할 수 있는 것은 없는가."

"이것은 자산이 아닌 경비로 처리할 수는 없는가."

"접대비로 인정받는 방법은 없는가."

연륜과 경험이 풍부한 세무사가 능력도 좋다

이처럼 구체적으로 '전문가'의 지혜와 지식을 활용하는 것이 종을 크게 치는 방법이다. 무슨 일이든 맡겨놓기만 하고 방치하면, 바쁜 회계사무소는 신경을 쓰지 않는다. 따라서 당신도 공부하고, 먼저 이것저것 요구하는 자세가 필요하다. 반드시 그렇게 해야 한다.

그러면 어떻게 실력 있는 회계사무소를 찾을 것인가.

• 업체·단체의 대표에게 부탁한다.

- 법인 단체에 문의한다.

- 거래처 은행 지점장에게 부탁한다.

- 많은 납세를 하고 있는 선배나 친구의 회사에 문의한다.

- 중소기업지원센터 등에 문의한다.

이 같은 여러 가지 방법이 있다.

그리고 소개를 받았을 때, '이 회계사무소에 의뢰할 것인가 말 것인가'의 결정은 다음과 같은 점을 고려해 결정한다.

- 바쁜 회계사무소에 의뢰한다.

- 능력 있는 진용이 갖춰져 있는가.

- 회계사 이하 직원이 30대나 40대인가 등이다.

내가 유일하게 똑똑한 점은 나보다 더 똑똑한 사람을 채용할 줄 안다는 것이다.

—

찰스 월그린
미국의 경영자

31

세무 조사는 이렇게 대처하라

사장의 세무 조사 대책 요령과 핵심 사항.

고문 회계사나 세무사의 지시에 따라 차분하게 준비한다

세무 조사를 받게 되면 일단 고문 회계사(세무사) 사무실에 연락하고 차분하게 지시에 따라 준비한다. 기업 입장에서 세무 조사가 달가울 리는 없겠지만, 세무서 직원은 기분 좋게 맞이하고 조사에 적극 협조해야 한다.

세무서 직원과는 대결한다고 생각하지 말고 협상한다고 생각하라. 약간의 불만이 있더라도 타협하는 것이 최선이다. 억울해도 적당한 선에서 받아들여라. 만약 고문 회계사의 일처리가 매끄럽지 않다고 생각하면 즉시 교체하라.

세상 물정을 잘 모르는 사람들은 세무사라고 하면 모두 경험과 학식이 풍부하고 우수하다고 생각한다. 하지만 그렇지 않다.

세무사도 가지가지이다. 겉모양만 번지르르한 회계사나 세무사도 적지 않다. 고문료를 받으면서 세무서에 관한 심부름꾼 역할이나 하는 세무사도 있다 기왕 세무사에게 의뢰하려면 업무 처리가 깔끔하고 세무서와 사이도 좋은 세무사가 좋다.

세무사나 회계사무소는 처음 선택할 때 신중히 하라

우수한 세무사나 회계사무소에 부탁하면 납세액이 500만 엔이나 1,000만 엔 정도 줄어든다. 결코 적은 액수가 아니다. 그러므로 이처럼 우수한 세무사나 회계사무소를 찾는 것도 사장이 해야 할 일이다. 친구나 선배, 은행, 거래처 등에 부탁해놓았다가 소개를 받게 되면 즉시 찾아가라.

그런데 이처럼 훌륭한 세무사를 찾아내도 문제가 또 있다. 지금 의뢰를 맡고 있는 세무사를 어떻게 할 것인가 하는 점이다. 이것이 의외로 힘들다.

한 번 의뢰한 세무사나 변호사는 좀처럼 교체하기 어려우므로 새로운 세무사를 선택할 때는 매우 신중하고 꼼꼼하게 선택할 필요가 있다.

똑똑한 사람은 자신보다 훨씬 똑똑한 사람을 고용할 만큼 똑똑해야 한다.

—

존 F. 케네디
미국의 제35대 대통령

회사의 경영을 숫자로 파악하라

회사의 경영은 숫자로 보면 대충 감이 잡힌다. 방법은 '1인당, 물건 1개당' 하는 식으로 파악하면 된다. 회사에 대한 것을 숫자로 나타내보자. 의외로 모르는 것이 많을 것이다.

① 하루 매출 ② 월 매출 ③ 연 매출 ④ 급여

⑤ 보너스 ⑥ 전체 이익 ⑦ 경상 이익 ⑧ 자본 총액

⑨ 내부 보유액 ⑩ 정직원 수 ⑪ 임시 직원 수

1 직원(파트직) 1인당 급여, 보너스

☐ 직원(파트직) 1시간당 급여, 보너스

☐ 직원(파트직) 1인당 급여, 보너스 외 비용

2 직원 1인당 매출액

☐ 직원 1인당 일 매출액

☐ 직원 1인당 월간 영업 이익

☐ 직원 1인당 월간 순이익

3 직원 1인당 총자본액

☐ 직원 1인당 내부 보유액

☐ 직원 1인당 차입금

4 판매직원 1인당 총 자본액

☐ 판매직원 1인당 월간 영업 이익

☐ 판매직원 1인당 거래처 수

☐ 판매직원 1인당 월 매출액

☐ 판매직원 1인당 경비

5 고객 1인당 매출액

☐ 고객 1인당 매출액

☐ 상품 단가

☐ 하루 평균 점포 방문자 수

항상 잊어서는 안 되는 일 2

1 일의 순서를 정하라

☐ 지금 당장 해야 할 일, 나중에 해야 할 일을
구분하라.

2 스리 에스(3S)로 고객을 관리하라

☐ 스피드, 서비스, 시스템은 고객 관리의 기본이다.

☐ 스피드 있는 서비스를 조직적으로 제공하라.

3 부가가치 있는 상품에 독자 기술을 넣어라

☐ 자기 회사만의 독특한 제품을 개발하라.

☐ 경쟁사와의 차별화를 항상 생각하라.

4 적자의 원인을 분석하고 빨리 해결하라

☐ 타성에 젖지 마라.

☐ 적자는 사장의 안이한 자세에서 나온다.

☐ 적자는 암과 같다. 조기 검진하여 즉시 치료하라.
늦으면 도산이다.

제3장

작은 회사에서는
사람을
어떻게 관리해야 하는가

32

작은 회사에서 일하고 싶어 하는 인재도 있다

회사의 규모가 작다고 '능력 있는 직원을 뽑을 수 없다'고
생각하면 안 된다.

'작은 회사'라고 인재를 채용 못 하란 법은 없다

우수한 학생들이 소위 일류 회사로 몰리는 것은 어제
오늘 일이 아니다. 20년 전에도 마찬가지였다. 내가 회
사를 설립했을 무렵 어떤 경영자가 이렇게 말했다.

"좋은 학생은 도요타나 소니 등에서 스카우트해 가기
때문에 우리 같은 회사(연간 매출액이 30억 엔으로 정직원이
54명이었다)에는 우수한 인재가 오지 않아요. 하물며 이
제 막 만들어진 회사에 뛰어난 인재가 오겠어요."

하지만 나는 사람 문제로 그다지 고생하지 않았다. 물론 전혀 없었던 것은 아니지만 직원 모집이나 사람을 쓰는 데 관해 내가 해온 일이 '고생'이라고는 생각지 않는다. 신문이나 TV, 라디오 등의 매스컴, 또는 업계 소식지나 잡지가 '우수 인력 부족난'을 외쳐도 난 '세상 돌아가는 소식에 불과하다'라고 생각한다. "우리 회사는 우수한 인재를 채용할 수 없다"는 식의 태도는 바람직하지 않다. 결코 그런 생각을 가져서는 안 된다.

최근 후배 하나가 독립을 했다. 직원이 1,000여 명인 미쓰비시 계열 컴퓨터 제조회사의 이사이자 영업본부장이던 후배인데, 샐러리맨 생활을 그만두고 혈혈단신으로 소프트회사를 차렸다. 그러나 전에 다니던 회사에서도 다른 곳에서도 사람을 끌어오지 않았다.

우수한 영업직원 세 명을 얻은 후배의 사연

스스로 회사를 차리면 알게 되는 일이지만, 사무실을 열고 보면 정작 오라는 손님은 안 오고 온갖 업종의 세일즈맨만 들락거린다. 아니나 다를까 그의 사무실에도 복사기 회사로 유명한 리코의 세일즈맨이 찾아왔다.

복사기는 사무실 필수품이므로 리스 계약을 했다. 그런 뒤 화제를 바꾸어 "이러저러한 이유로 이제 막 회사를 시작했소. 아직은 조그만 회사지만, 꿈이 있소. 어떻소. 도와주시지 않겠소?"라고 제의했다고 한다.

물론 세일즈맨의 태도를 보고 '우수한 인재다'라고 판단한 뒤에 건넨 제안이었다.

"글쎄요. 아닌 게 아니라 제가 하고 있는 일이 소모전 같다는 생각이 듭니다."

그 세일즈맨이 입사 제1호였고, 계속해서 다른 팩시밀리 세일즈맨이 입사했다. 이렇게 해서 내 후배는 우수한 영업직원, 그것도 대기업에서 완벽하게 영업을 배운 젊은이를 세 명이나 확보했다.

> 직원을 훌륭하게 훈련시켜 놓으면 당신은
> 뒤로 물러나서 그들이 일하는 것을
> 지켜보기만 해도 될 것이다.
>
> —
>
> 제임스 바크스데일
> 멕코 통신사 회장

33

인재는 가장 든든하고 확실한 자산이다
가만히 놔두어도 늘어나는 '자산'은 토지만이 아니다.

작은 회사에겐 '땅'보다 귀중한 자산이 '사람'이다

회사의 재무 체질을 강화하기 위해서는 어떻게 하면 좋을까. 말할 것도 없이 우선 이익을 올려야 한다. '내부 유보금'을 모으든지, 비용이 들지 않는 '증자'를 거듭하든지 이 두 가지 중 한 가지를 하는 수밖에 없다.

그러나 '내부 유보금'은 세금을 내고 남은 이익을 배당하지 않거나 극히 작게 한다든지, 이익 유출을 억눌러야 생긴다. 해마다 남기는 이익이 거액이라면 모를까, 보통 작은 회사는 '내부 유보금'의 규모도 작다.

또, 비용이 들지 않더라도 '증자'에는 반드시 '권리'

가 따르게 마련이다. 함부로 증자를 거듭하면 경영이 불안정해진 일도 있다. 작은 회사에서 견고한 재무 체질이 간단히 몸에 배는 것을 기대하기는 어렵다. 재무적으로 언제나 불안정한 곳이 작은 회사이기 때문이다. 하지만 걱정할 필요는 없다. 언젠가 돈버는 체질이 몸에 배었을 때 나름대로의 처방이 생긴다.

흔히 "빚을 내서라도 땅을 사라"고들 말한다. 전후에 성정한 회사는 대부분 땅을 샀다. 앞으로도 땅을 사서 그저 보유하고만 있어도 자산이 늘어나는 효과를 노리는 것이 매우 효율적인 체질 강화법이며, 성장의 밑천이 될 수 있다. 그러나 작은 회사에는 가치 있는 땅을 살 여유가 없다. "기회가 오면 사겠다"라는 생각을 가지고는 있지만, 쉽지 않다.

따라서 여유가 생길 때까지는 땅이란 이름의 '비축 자산'을 살 수 없더라도 초조해하지 말라. 가진 사람이 더욱 많이 갖는 체제가 자유 경쟁 사회다. 그러므로 아무것도 없는 작은 회사야말로 한 걸음 한 걸음 꾸준히 '돈버는 체질'을 강화하는 것이 최상의 경영법이다. '땅'을 손에 넣기까지는 많은 세월이 필요하다. 그렇다고 한숨을 쉴 필요는 없다.

작은 회사에도 손을 넣을 수 있는 '귀중한 자산'이 있다. 작은 회사의 '자산'은 바로 '사람'이다.

돈을 벌면 이익을 '사람'이라는 '자산'에 투자해야 한다. 조금씩 '내부 유보'하여 축적한 자기 자본을 과감하게 '사람이란 이름의 자산'에 투입해야 한다. 언제가는 이 '자산'이 진정으로 자기 자본을 착실하게 증가시켜 지속적으로 이익을 내는 소중한 자산이 될 것이다.

'브랜드'나 '신용' 등 무형의 자산을 관리할 수 있어야 한다

작은 회사의 자산 중에서 가장 중요한 것은 '사람'이라고 서술했는데, 이 외에도 자산은 있다.

'회사 이름'이나 '브랜드'도 그렇다. 이름을 듣고 "아, 그 회사, 그 회사 상품이라면 틀림없어"라는 말을 들을 수 있는 '신용'도 훌륭한 자산이다.

나아가 "그 회사는 일을 빨리하고, 기술도 뛰어나지"라는 말을 들을 수 있는 실력을 갖는 것도 자산이고, "그곳은 경영력, 판매력이 대단해. 판매 방법이 뭔가 달라"라는 말을 들을 수 있는 판매력도 역시 멋진 '자산'이다.

이러한 것들은 B/S(대차대조표)상의 숫자로 나타나진 않으나, 언젠가 많은 돈을 당신 회사에 벌어다 줄 것임에 틀림없다. 따라서 토지를 살 수 없는 사장님은 '앞으로 돈을 벌어다 줄' 이러한 자산에 투자해야 한다.

'무형의 자산'을 얻기 위해서는 '내부 유보금'에 과감히 투자하라. 작은 회사로서는 실로 중요한 일이다. 예를 들어 임금이나 상여금의 증액, 종업원 연수비(교육 훈련비), 광고비, 개발비, 연구비…… 또는 다른 회사 영업권의 매수도 하나의 방법이다.

이러한 것들은 모두 '법인경비' 처리가 되며, 더군다나 앞으로 확실하게 '회사의 재산'이 될 '자산'을 불려 나가는 것과 일맥상통한다. 이렇게 좋은 방법이 달리 또 있겠는가.

총체적 우수성을 말해주는 가장 좋은 척도는
재능 있는 인력을 끌어들이고, 동기를
부여하며, 붙잡아둘 수 있는 회사의 능력이다.

—

브루스 파우
미국의 기업 컨설턴트

34

직원에게 '신뢰'를 얻는 방법

사장은 직원을 의심하지 않을 수 없다.
문제는 사장의 태도가 진심인가이다.

경영전문가들의 충고를 들을 것인가?

사람을 부리는 법, 이것은 만만치 않은 일이다.

경영의 구루인 피터 드러커 역시 "경영에는 남의 도움이 필요하다. 그 도움이란 인간관계다"라고 정의한 바 있다.

인생도 가지가지, 사람도 가지가지······. 이러저러한 사람이 이러저러한 사람을 부리고 부림을 받는 것이므로 마찰이 생기지 않는다면 오히려 이상하다. 견해 차이는 당연하다.

견해 차이나 마찰을 최소한으로 억제하는 방법은 서로의 '신뢰 관계'밖에 없다.

입으로는 간단히 '신뢰'를 말하지만, 도대체 '신뢰'라는 것이 어느 시점에서 발생하여 어느 정도 지속되는지 이 점은 분명치가 않다.

경영전문가들은 보통 작은 회사의 사장에게 '신뢰 관계를 구축하는 법'으로 다음과 같은 항목을 든다.

- 종업원을 의심하지 마라.
- 언행일치하라.
- 한 번 한 약속은 어기지 마라.
- 공과 사를 구분하고, 욕심을 부리지 마라.
- 종업원을 믿고 일을 맡겨라.
- 따듯하게 대하라.

작은 회사에게 전문가의 충고는 독이다

'위험한 11', 즉 작은 회사는 이와는 정반대가 정답이다. 물론 앞에 쓴 여섯 가지 조건을 지켜야만 할 단계가 언젠가는 온다. 내가 경영하는 세 개 회사에 근무하는 직원은 파트타임 직원과 아르바이트생까지 다 합쳐도, 기껏해야 60여 명 정도밖에 안 되므로 큰소리칠 형편은 아니지만, 적어도 내가 경영하는 규모의 회사에서 경영 전문가들이 말하는 대로 하다가는 당장 위기가 닥쳐오고 말 것이다.

누가 자신을 고용하고 있는 종업원을 의심하고 싶겠는가. 그러나 이런 일도 있다.

1년 전에 우리 회사에 입사한 22세 된 청년이 갑자기 그만두겠다고 했다. 업무 능력이 약간 모자라긴 했으나 성실한 인품을 가진 청년이었다. 고등학교를 졸업하고 줄곧 아르바이트를 하다가, 우리 회사에 와서 처음으로 정직원이 되어 사회보험 혜택도 받았다.

"왜?" 하고 물어보니 어제 날짜로 입사한 지 1년이 되는데, 실은 이 날을 기다려왔다고도 했다. 머리에 작은 종양이 있어서 수술을 해야 했는데, 부모님과 상의해 아무 데라도 좋으니 사회보험 혜택을 받을 수 있는 회사에 입사하기로 한 것이었다. 사회보험에 가입하고 나서 1년이 지나면 입원비며 수술비를 본인이 부담하지 않아도 된다. 그래서 여러 회사에 입사 원서를 내고 면접을

보았는데 가는 곳마다 받아주지 않아 간신히 들어온 곳이 바로 우리 회사였다.

나는 벌어진 입을 다물 수가 없었다. 그렇다고 난리법석을 필 일도 아니었지만, 충격을 받았다.

이것은 한 가지 예에 불과하다. '직원을 의심하지 말라'고 하나 그것은 무리다. 물론, 그렇다고 의심하고 또 의심하라는 말은 아니다.

나는 지금도 사람을 믿고 모든 것을 맡기는 타입이다. 배신당하는 일도 있었지만, 결과적으로는 그렇게 믿어온 덕분에 우리 회사가 이렇게까지 발전했다.

하지만 그 고생을 모르는 소위 경영전문가라는 사람들이 밤낮으로 기를 쓰고 열심히 일하는 작은 회사의 사장을 붙들고 "직원을 의심하지 말라"라고 하면, "여보시오. 그렇게 속 편한 소릴랑 집어치우시지"라고 말하고 싶다.

'사장과 직원의 신뢰 관계' 또한 마음만으로 되지 않는다. 다시 말해서 만들려고 노력한다고 해서 쉽게 얻어지는 것이 아니다.

그러면 어떻게 해야 할까?

직원의 눈은 예리하다. 행동으로 보여야 한다

열심히 일하는 사장의 모습을 꾸준히 보여주는 수밖에 도리가 없다. 특히 눈앞의 일에 전력을 다해 부딪칠 것. 이 자세가 알게 모르게 신뢰의 형태로 나타난다.

"부하 직원은 사흘 만에 사장을 간파하지만 사장은 직원을 간파하는 데 3년이 걸린다." 그만큼 직원의 눈은 예리하다. 작은 회사라고 하더라도 사장은 여간해서 본심에서 우러나오는 직원의 소리를 들을 수가 없다. 직원의 신뢰를 얻기 위한 특별한 방법은 없다. 다만 사장이 직원에게 "함께 열심히 잘해보자"라는 말이 진심인가 아닌가에 달려 있다. 사장은 늘 '자신'을 돌아봐야 한다. '자신'을 반성해야 한다.

> **리더십이란 행동과 태도에 있어서 모범이 되는 것을 의미한다.**
>
> —
>
> **페터 취른**
> 독일의 경영자

35

직원의 임금을 아끼지 마라

직원도 사장과 똑같은 사람이다. 스스로 성장하기를 염원한다.

인건비는 일반적으로 낮은 게 좋다, 과연 그럴까?

임금을 많이 지급하면 그만큼 일을 열심히 한다. 너무나 당연한 사실이다. 그런데도 "인건비는 일반적으로 낮은 것이 좋다"라는 게 경영을 하는 사람의 통념이다.

그러나 우리 회사에서는 일부러 임금을 많이 준다. 인건비 비율이 당장은 높아지지만 '이런 작은 회사에 들어온 종업원에게 임금마저 넉넉하게 주지 않으면 뭐가 좋다고 붙어 있겠는가'라고 생각하고 임금을 많이 준다.

결과론이지만 지난 2, 3년 동안 예상보다 훨씬 빠른 속도로 '인력 부족난'이 심화되었다. '인력 부족'이 수면 위로 드러난 지금 우리 회사는 두각을 나타내는 인재를 보유하고 있다. 반면 인건비의 비율이 낮으면 좋을 것이라고 생각했던 회사들은 심각한 인력 부족과 인재난에 직면해 있다.

"직원의 임금을 낮게 억제해야 한다"라고 말하는 사장이 요즘에는 없겠지만 본심은 어떨까?

i 직원이 기뻐하는 얼굴을 보고 싶다 → 많이 준다. 하지만 과연 계속 지급할 수 있을까.

ii 그렇기는 해도 고정비가 비싸지면 경영이 불안정해진다 → 적당히 준다.

iii 회사로서는 조금 주는 게 좋은 건 당연한 이치 → 조금 준다.

많은 사장이 i 과 ii 사이에서 흔들릴 것이다.

남을 부리기 시작하면, 그 사람에게 주는 임금이 무척 아까운 기분이 든다. 그만큼 남에게 돈을 지급하는 일은 쓰라리다. 하지만 이러한 말이 있다.

"경영이란 일단 자기 호주머니에 들어온 돈을 직원과 그 밖의 사람들에게 분배하는 일이다. 쉽지는 않지만 이것을 실천으로 옮기는 게 사장의 일이다."

그러나 임금을 많이 지급한 덕분에 회사가 돈을 벌기

시작하면 역시 "많이 지급하기를 잘했다. 이렇게 열심히 일을 해주니 말이야"라는 말이 저절로 나온다.

돈을 벌기 시작하는데도 직원들 임금을 낮게 지급하면 회사에는 돈이 남아돌지만, 이것을 알아야 한다.

"세상이란 혼자만 좋은 자리를 차지할 수 없다."

자기 자신에게만 좋은 일이 계속될 까닭이 없다. 사장 혼자만 기분 좋아한다면, 직원은 일할 의욕이 감퇴하여 회사를 그만두고 나가버린다. 사장이 일하기 때문에 회사가 돈을 버는 것은 아니다. 남들이 도와주기 때문에 돈을 번다. 당신이 회사를 쉬어보라. 과연 모든 기능이 멈춰버릴까. 그렇지 않다. 그것은 당신이 경영하는 회사에서 다른 사람이 일하고 있기 때문이다.

높은 임금은 직원의 능력을 배가시켜 자산 증대로 이어진다

다시 한번 드러커의 말을 인용해보자.

"경영에는 남의 도움이 필요하다. 그 도움이란 인간관계다."

그렇다. 직원들도 당신과 같은 감정을 갖고, 욕망을

지닌 다 똑같은 인간이다. 모든 사람은 남이 대신할 수 없는 인생을 걸머지고 있다. 소중하게 여겨야 한다.

"누구든 많이 주고 싶지, 그렇지 않은 사람도 있을까. 그렇지만 그렇게 하면 고정비의 비율이 높아져 오래 버티질 못해. 회사가 어려우면 일시적으로 임금이 높다고 한들 결코 직원들에게는 도움이 되지 않아."

이렇게 목청을 높이는 사람도 있다. 어떤 경우에는 이렇게 생각하는 게 올바를지도 모른다. 하지만 반대로 생각할 수도 있다. 어느 쪽을 택하든 자신의 경영이념에 맞는 방향을 추진하는 수밖에 없다.

흔히들 인건비가 비싸면 고정비가 늘어서 경영의 기동력이 떨어진다고 말한다. 하지만 고정비가 많다 해도 회사의 미래는 직원들이 어떻게 일하는가에 달려 있다.

높은 임금을 받는 직원이 최선을 다하지 않는다면 얘기가 안 되지만, 높은 임금을 받고 직원이 기분 좋게 열심히 일한다면 어떻게 될까. 그냥 내버려둬도 실적을 올린다.

높은 임금을 주고 잘 교육하여 직원들의 능력을 발휘하면 그만큼 '자산'은 배로 증가하는 효과를 가져온다. 즉 직원들에게 노하우가 축적되어 높은 비율이었던 인건비는 상대적으로 낮아진다.

회사뿐만 아니라 직원들도 성장해야 한다

우리 회사에서도 미래가 불투명하던 시절부터 직원 만큼은 높은 임금을 주었다. 회사의 일부 간부들이 다소 반대하기는 했지만 굳이 그렇게 했다. 그래서인지 인력 부족으로 어려움을 겪은 때는 거의 없다. 직원들도 '좋은 회사다'라고 생각하는 듯싶고, 그런 분위기가 거래처에도 전해져서, 우리 회사는 입사 희망자가 제 발로 찾아온다.

서른이 될 무렵에 '나는 평생 집을 살 수 없을 것이다'라고 생각했다. 거의 절망에 가까운 생각이었다. 부모님을 잘 만난 선배나 친구들은 주택이나 아파트를 쉽게 손에 넣었다. 하지만 어렸을 때 아버지를 여의고 재산이 하나도 없었던 나는, 월급봉투를 볼 때마다 아무리 생각해도 내 집 마련은 불가능하다고 생각하고 포기했다. 그런데 그로부터 10년도 안 되는 사이에 나는 아파트를 세 채나 소유하게 되었다.

인생에는 가속도가 붙을 때가 있다. 현재 내가 경영하는 회사는 아직 그럴 단계에 도달하지 않았다. 나는 밤낮으로 운전자금 부족과 싸운다. 그러나 몇 년 뒤에는 가속도가 붙기 시작할 거라는 예감이 든다.

"직원을 소중히 여기면 직원들이 가속도가 붙도록 해 줄 터"라고 나는 지금도 믿는다. 작은 회사의 사장은 그렇게 믿어야만 한다.

직원도 인간이다. 누구든지 성장하기를 바란다. 성장을 돕는 것이 사장의 일이다. 좀 더 발전하기를 간절히 바라는 젊은 직원을 썩히는 것은 사장의 책임이다.

업무에 허술한 부분이 있거나 태만한 태도에는 역시 한마디 해야 한다. 거꾸로 잘하면 잘했다고 분명히 칭찬을 해야 한다. 인간은 누구나 칭찬에는 신이 나는 법이다. 인간의 능력은 신이 날 때 최고로 발휘된다.

슬픔은 혼자서 간직할 수 있다.
그러나 기쁨이 충분한 가치를 얻으려면
기쁨을 누군가와 나눠야 한다.
—
마크 트웨인
미국의 작가

36

작은 회사의 직원 채용법

일하겠다는 사람은 모두 채용한다.
그러나 입사는 스스로 결정하게 한다.

작은 회사에서 일하겠다고 찾아온 사람을 내치지 마라

작은 회사는 직원을 채용할 때 만용을 부릴 수 없다. 일하겠다는 사람은 모두 채용하라. 나아가 "일하겠다"고 말한 순서대로 채용하라.

작은 회사에도 가끔씩은 뜻하지 않게 같은 날 두 사람이 연이어 찾아오는 때가 있다. 그것도 한 명 모집에 두 사람이 응모하는 경우도 있다.

"다음 주 월요일부터 나와주십시오. 오실 때 ○○서류를 가지고 오십시오"라고 한 사람에게 일러서 돌려보낸 뒤에, 다른 한 명이 찾아왔다. 더욱이 나중에 찾아온 사람이 먼저 온 사람보다 더 적합할 것 같다는 생각이 드는 경우도 있다. 이럴 때 먼저 온 사람을 채용하고 싶지 않더라도 먼저 온 사람을 채용하라.

나중에 온 사람이 더 열심히 일하고 능력도 뛰어난 인물일 때도 있다. 그러나 인간이란 너무 욕심을 내서는 안 된다. 우수한 사람이 조금 늦게 나타난 것은 서로 인연이 닿지 않았다고도 할 수 있으므로 미련을 두지 말라. 그렇게 생각하는 게 마음도 편하다.

처음부터 다시 설명해보자.

모두 채용한다는 말이 '한 명을 모집했는데 세 명의 지원자가 왔다고 해서 그 세 명을 모두 채용한다'는 뜻은 아니다. 작은 회사에서 '일할 마음'이 들어 이력서를 들고 찾아오면 이리저리 따져보지 말고 그 자리에서 채용하라는 뜻이다.

누구든지 간에 가능하다면 큰 회사, 시설 좋은 회사, 멋진 회사, 평판 좋은 회사에 가고 싶어 한다. 그러나 자신이 희망하는 회사에 채용되는 사람은 그리 많지 않다.

매년 약 30만 명의 대학생이 사회로 나온다. 그중 제1지망의 회사에 입사하는 사람은 대략 3만 명 전후라고

한다. 단 10퍼센트만 자기가 원하는 회사에 간다. 지망
등급이나 희망사항을 너무 내세우지 않는다면 그들은
100퍼센트 취업 가능한 회사를 찾을 수 있다.

올가을 도쿄에 있는 한 공업고등학교 선생님을 만났
을 때 이런 이야기를 들었다.

"졸업생은 145명 전후인데 사람을 구하는 회사는
1,134개나 되어서 어느 학생을 어느 회사에 보내야 할
지 모르겠습니다."

나는 깜짝 놀라 뒤로 넘어질 뻔했다.

'정말 세상은 요지경이로구나'

분명히 현실은 3D(힘들다, 더럽다, 위험하다) 업무를 경
원시할뿐더러, 이전에 인기 있던 직종에서도 전직, 이
직이 빈번하다. 임금을 올려준다고 해도 냉정하게 돌아
선다.

인재를 뽑기보다 뽑아서 인재로 키워라

바람이 불면 날아가 버릴 것 같은 작은 회사에 "일을
시켜주십시오"라며 찾아오는 사람이 있다면, 무엇을 망

설이겠는가. "당장 내일부터라도 나오십시오"라고 해야 한다. 찾아온 사람은 곧바로 채용한다. 이것은 철칙이다.

분명히 말해서 양질의 인력은 아닐지도 모른다. 하지만 '우리 회사는 뭐가 다른가'라는 점을 생각해야 한다. 너무 지나친 욕심을 부려서는 안 된다.

그다음은 그 정도의 능력을 가진 직원을 어떻게 능숙하게 부릴 것인가 하는 문제다.

정확히 말하자면 '결정'은 바로 하지만, 말은 이렇게 하라.

"우리 회사는 보시는 대로입니다. 그래도 좋다면 당신이 함께 일해주시면 좋겠습니다. 그러나 당신도 지금 당장은 일하겠다고 말하기는 좀 어렵겠지요. 오늘은 하겠다 말겠다는 이야기를 하지 말고 돌아가서 오늘밤 내내 생각해서 내일 아침에 '좋다, 이 회사에서 한 번 일해보자'는 생각이 들거든 그때 전화를 하십시오. 기다리고 있을 테니까요. 자, 그럼 수고 많았습니다."

세 명에 한 명 꼴로 전화를 하지 않는다. 이럴 때는 다음에 오는 사람이야말로 진짜 인연이 닿는 사람이구나 하고 생각하라.

나쁜 재료는 아무리 좋게 가공을 하더라도 좋은 제품이 될 수 없다고 한다. 맞는 말이기는 하지만 좋은 재료라고 할지라도 마음가짐이 나쁜 사람을 채용하면 작은 회사는 배가 산으로 올라가는 소동을 겪는다. 나쁜 재료를 가공해 쓸 만한 인재로 키우는 일도 사장의 업무다.

내가 관계하는 한 회사는 '양질의 재료'를 입사시켜 회사가 위기에 처했다가, '질이 떨어지는 재료'를 입사시켜 회사를 살려낸 적이 있다. 어쨌든 회사란 일손이 없으면 굴러가지 못한다. 나쁜 재료든 좋은 재료든 키워보겠다는 마음가짐이 중요하다.

"이번 주에는 ○○직원과 대면해보자"라고 목표를 정해놓고 정기적으로 집중 지도한다.

> **모든 사람은 다른 사람이 가지고 있지 않은 귀한 것을 지니고 있다.**
>
> —
>
> 마르틴 부버
> 오스트리아 출생의 유대인 사상가, 종교철학자

37

아르바이트생을 정직원으로 채용하라

인재 발굴은 아르바이트생의 정직원 채용에서 이루어진다.

아르바이트생을 직원으로 채용하면 일석이조의 효과가 있다

내가 경영하고 있는 한 회사는 정직원이 20명인 작은 회사다. 그 회사는 최근 2년 정도의 기간에 젊은 직원이 10명 남짓 입사했다. 이 중 3명은 아르바이트생에서 정직원이 된 사람이다. 주간 또는 야간 학생들로 일주일의 며칠을 낮 또는 밤에 우리 회사에서 일하다가 졸업과 동시에 정직원으로 입사한 경우다. 내년에도 이런 형태로 여대를 졸업한 재원이 입사할 예정이다.

작은 회사의 인력 부족은 심각하다. 대학을 졸업하는 우수한 인재를 확보하기 위해 상당한 비용을 지출한다.

돈을 들이고도 변변한 직원 하나 확보하지 못하는 실정이다. 그러니 훌륭한 인재를 돈 한 푼 들이지 않고 직원으로 맞을 수 있으니 어찌 고마워하지 않을 수 있겠는가. 게다가 직원 모집 비용으로 직원들과 온천 여행이나 소규모 해외여행을 갈 수 있다.

"올해 해외여행은 그들 덕분에 간다."

같은 일이라도 어떻게 생각하느냐에 따라 결과는 현저한 차이가 난다. 여하튼 운이 좋다는 생각이 든다.

게다가 아르바이트생을 거쳐서 입사한 직원들은 우리 회사의 업무 방침 등에 대해 공감하고 입사하기 때문에 하나 같이 열심히 일하고 또한 잘한다. 정말이지 밤낮을 가리지 않고 열심히 일한다.

"잔업수당 지출이 이렇게 많이 늘어났는데……"

어느 날 총무부장이 걱정스럽게 '개인별 잔업 일람표'를 들고 왔다. 나는 대략 훑어본 뒤 말했다.

"이 정도의 금액으로 이렇게 많은 일을 해준다면 더이상 바랄 게 없습니다."

오늘의 젊은이들에게 "풍요로움은 무엇인가?"라고 물으면 물론 돈을 많이 버는 것도 포함하지만, "자신이 하고 싶은 일을 하고, 그 시간을 갖는 것이 진짜 풍요로

움 아닐까요"라고 대답한다.

그런 시간을 써서 일을 해주고 있으니 더욱 고맙다.

회사 업무에 밝은 인재를 비용 없이 채용할 수 있다

흔히 경영전문가라는 사람은 인건비를 보고 "이렇게 고정비 비율이 높으면 안 되는데요. 인건비의 비율이 너무 많아요"라고 쉽게 말한다.

조금만 보는 각도를 달리한다면 높은 인건비를 지급함으로써 고정비가 상승한다는 의미는 그만큼 우수한 인재에게 높은 대우를 지속적으로 제공한다는 말이다. 즉 사내에 양질의 노하우가 축적된다. 문제는 양질의 노하우를 잘 사용하고 있느냐 그렇지 않느냐 하는 점이다. 무조건 "높은 고정비는 안 된다"라고 말하면 곤란하다.

비효율적인 직원 모집에 비용을 쓰기보다는 아르바이트생을 4, 5명이나 그 이상 쓰는 시스템이 좋다.

지금 우리 회사에는 7, 8명의 아르바이트생이 있다. 주로 대학생이다. 도쿄에 있다는 점에서 우리 회사는 지방에 있는 다른 회사보다는 득을 보고 있음이 틀림없지만, 거꾸로 도쿄에는 우리 회사 같은 곳을 한 방에 날려 버릴 우량 기업이 밀집해 있다. 그 속에서 아르바이트생을 얻기 위한 경쟁을 벌여야 하기 때문에 어떤 의미에서는 학생 수가 적은 지방과 조건이 같다.

나는 한 해에 두세 번 아르바이트생을 모집한다. 그리고 그렇게까지는 필요 없지 않느냐 싶을 정도로 많은 수를 뽑는다. 처음에는 많아 보여도 '수업이 꽉 차서' '가까운 곳에 좋은 곳이 생겨서' 등의 이유로 떨어져 나가는 경우도 많아 다시 모집을 해야 할 때도 있다. 그러는 사이에 우리 회사를 마음에 들어 하는 학생이 몇 명 들어온다면 그것으로 만족이다.

경험이 많은 사람은 실수를 많이 하지 않는다.

—

미국 격언

38

직원에게 일을 맡겨라

혼자서 모든 일을 처리하려는 자세를 버려라.

사장이 아니라 직원이 없을 때 회사는 돌아가지 않는다

"사람이 빠진 구멍은 눈 깜짝할 사이에 다른 사람이
메운다."

이는 그 유명한 괴테가 남긴 말이다.

'내가 없으면 회사는 어떻게 될까?'

가끔 이런 생각을 한다. 다른 사장들도 아마 이런 생
각으로 힘닿는 데까지 노력하고 있으리라.

여기서 '힘닿는 데까지 노력한다'는 말을 우리 회사
의 경우 2년 전부터 쓰지 못하게 했다. 적어도 사장인 나
는 이 말을 쓰지 않겠다고 다짐했다.

세상은 지금 구조 조정이 한창이다. 업계를 가리지 않고 구조 조정에 열을 올리고 있다. 정부 정책의 실패 탓도 있지만 지금 경제 환경은 지구촌과 하나가 돼 살아가는 나라를 만들기 위한 '탈피의 과정'이다.

시대의 흐름이 경영 환경을 급박하게 만들고 있다. 정부나 대기업이 휘둘릴 정도로 세상은 급박하게 변한다. 이럴 때 직원들에게 그저 "분발해"라고만 말하는 사장은 시대 변화를 제대로 읽지 못하고 있는지도 모른다. 최근 들어 나는 이런 생각을 자주 하며 반성을 한다. 한때 직원들을 대상으로 자주 질책을 했기 때문이다.

얼마 전 한 직원에게서 이메일을 받았다.

"몸도 마음도 지쳤지만 다음 달에는 목표를 달성하기 위해 분발하겠습니다. 이번 달 목표를 달성하지 못해 죄송합니다."

나는 이 직원이 이러다가 컴퓨터 앞에서 우는 것은 아닌가 하고 걱정을 했다. 그때 나는 결심했다.

'더 이상 질책하지 않겠다. 열심히 일하고 있는 직원에게 더욱 분발하라고 외칠 만큼 나의 배려심은 마비되어 있다. 이 말은 이제 그만 쓰자.'

'내가 없으면' 하는 생각으로 무엇이든 자신이 처리

하려 하지만 사실 혼자서만 열심히 한다고 회사가 잘되는 것은 아니다. 따지고 보면 아무리 분발한다 해도 사장 혼자서 할 수 있는 일에는 한계가 있다.

결국 사장이 하는 일이란 직원들이 일 잘하는 분위기를 만들고 좋은 시스템을 구축하는 일이다. 하지만 사장들은 일을 잘 맡기려고 하지 않는다. 왜일까?

첫 번째 이유는, 직접 하는 것이 빠르기 때문이다.

분명히 사장이 하면 5분 안에 해결할 일을 간부나 직원들에게 맡기면 2, 3일 걸린다. 어찌 보면 당연한 일인데 "이것 봐라, 내가 하니까 한 번에 되잖아"라며 득의양양해 하는 사장이 많다.

2, 3년 정도 시간이 걸리더라도 이 단계를 거치지 않으면 사람은 성장하지 못한다. 사장에게는 전체를 보는 시야와 권한이 있다. 5분 안에 해치우는 것은 당연하다.

'나머지는 알아서 처리해달라'는 자세가 명품 사장을 만든다

나는 연극을 좋아하고, 지금도 개인적으로 좋아하는 배우가 있다. 또 작가 가운데도 좋아하는 사람이 있다.

내가 좋아하는 한 작가의 경우 대본을 쓰는 족족 히트를 쳤다. 그런데 그 작가의 대본에는 군데군데 "~이하는 잘 부탁해"라는 문구가 들어 있다고 한다.

이런 문구를 접하는 배우들은 자연히 작가의 의도를 제대로 살리기 위해 엄청난 노력을 한다. 이것이 바로 명연기를 이끌어 내는 핵심 포인트다.

'이래라 저래라' 하며 꼬치꼬치 지시하는 것이 메뉴얼 세대인 젊은이를 잘 활용하는 확실한 방법이라고 말하는 의견도 있다. 그 필요성을 부정하지는 않지만 경영에서는 '~이하는 알아서 처리하라'와 같은 방식을 활용할 필요가 있다.

사장이 직원들에게 업무를 일임하지 않는 두 번째 이유는, 자신의 권위가 손상될까 두려워서다. 바꿔 말하면 사람들은 본디 일을 맡은 사람 쪽으로 모인다. 자신이 돋보이고 싶어서 다른 사람에게 일을 맡기지 않는 경우도 있다.

세 번째 이유는 맡기면 실패할 거라는 염려 때문이다. 실제로 많은 경우가 이에 해당한다. 연극 세계의 예를 들어보자. 예전에 아사쿠사의 물랭루즈에서 실제로 있었던 이야기다.

대학을 막 졸업한 배우 지망생이 자신을 써달라며 극단을 찾아왔다. 극단에서는 청년의 뜻이 너무 진지해 간단한 테스트를 거쳐 단역으로 썼다.

"자네는 목수 역이네. 무대를 걸어가주게."

그러자 청년이 말했다.

"질문이 있습니다. 목수에게는 부인이 있습니까, 아니면 독신입니까?"

"어느 쪽이든 상관없어. 목수역만 하면 돼."

"아니 그렇지 않습니다. 독신이냐 결혼했느냐에 따라 걷는 분위기가 다르다고 생각합니다."

"그래? 그렇다면 독신인 목수 역을 해주게."

극단에서는 이 사람에게 독신인 목수 역을 시켜보았지만 별로 신통치 않았다고 한다. 결국 그 청년은 그렇고 그런 연기밖에 보여주지 못했고, 극단에서도 그를 잡을 이유가 없었다고 한다.

회사에서도 이와 비슷한 사례가 종종 있다. 말은 아주 달변이지만 막상 일을 맡기면 제대로 처리하지 못하는 경우를 종종 접하게 된다. 성공하면 자신의 아이디어라고 말하고, 실패하면 자신과는 상관이 없는 일인 양 행동하는 경우가 많다.

이런 점들 때문에 사장은 직원에게 업무를 맡기고 싶어 하지 않는다.

회사를 사장 혼자 이끌어 갈 수는 없다

'다른 사람에게 맡긴다'는 것은 경영상 반드시 거쳐야 할 과정이지만 완전히 믿고 맡기기까지는 시간이 걸린다. 그사이에 사장의 일은 오히려 늘어날 수도 있다. 사장이 직접 하면 5분이면 끝나는 일을 다른 사람에게 맡기면 2, 3일 씩 걸리기도 하고, 클레임이 걸리기도 한다. 또 사장이 사과하러 가는 일이 생길 수도 있기 때문에 이 모든 게 사장에겐 부담이 될 수 있다.

하지만 사장이라면 참고 견뎌야 한다. 어쨌든 회사를 사장 혼자 이끌어갈 수는 없으니까 말이다.

> **의심 가는 사람은 쓰지 말고 일단 쓴 사람은 의심하지 않는다.**
>
> —
>
> 중국 격언

39

사람을 잘 쓰는 방법

일의 정확한 순서를 짜라. 서로가 편하다.

아르바이트생을 위한 작업 매뉴얼이 없는 경우
당황하기 쉽다

처음으로 남을 고용하면 무척이나 초조하다.

특히 아르바이트나 파트타임 직원의 경우, 어슬렁 거리다 보면 순식간에 한두 시간이 지나간다. 시간으로 계산하는 급여가 낭비된다는 생각이 머릿속에서 떠나질 않아 당황하는 경우도 있다.

그런데 한두 명이라면 몰라도 그 수가 7, 8명이 되면, 시간당 800엔이라고 해도 1인당 8,000엔이므로 세 시간만 어물쩍대면 2만 4천 엔이 날아간다. 눈에 보이는 액수인 만큼 더욱더 초조해진다.

큰 기업이라면 작업 공정도 정해져 있고, 컨베이어 벨트로 눈앞에서 작업하도록 시스템화되어 있어, 아르바이트나 파트타임 직원이 헛되이 시간을 보내는 일은 거의 없다.

그런데 이것저것 갖춰진 게 없는 곳이 작은 회사다.

"당신은 이것과 저것을 하십시오. 당신은 저 일을 하고" 같이 상세한 지시를 내리지 않으면 아르바이트생이나 파트타임 직원은 무엇을 해야 좋을지 판단이 서지 않기 때문에 헛되이 시간을 허비하고 만다.

사장이 상세한 지시를 내리면 좋은데, 그것도 쉽지 않다. 작업 공정이나 작업량이 정해져 있지 않기 때문에, 지시를 하려고 해도 실제로 작업장에 달라붙어 있지 않고서는 세세한 부분까지는 지시할 수가 없다.

사장에게는 전화도 많이 걸려오고, 찾아오는 손님도 많다. 밖으로 나가 돌아다녀야 하는 때도 많다. 아르바이트생이나 파트타임 직원 곁에 서서 이것저것 지시할 여유가 없다.

하지만 사장이 손님을 만나거나 전화를 받고 있을 때, 파트타임 직원이 어슬렁거리는 일은 작은 회사에 얼마든지 있다.

이럴 때 대부분의 사장은 얼굴을 붉힌다.

'그렇지 않아도 돈이 없어 죽겠는데 헛돈 쓸 여유가 어디 있나. 저 사람들한테 일을 더 시켜야 할 텐데' 하면서 속만 태울 뿐이다.

업무 일정에 따라 일의 순서를 정해 지시하라

통신 교재 발송을 대행하는 닛키샤의 다케모토 사장은 늘상 10~20명의 파트타임 직원을 고용한다. 그는 아주 능수능란하게 일을 시키고 있다.

"시간당 700엔을 받는 파트타임 직원 1명이, 아침 시간 15분을 낭비하면, 1,750엔이 날아가버리는 셈이지요. 어슬렁거리는 시간이 가령 하루에 다섯 번 있다고 한다면 약 9,000엔을 손해 보지요. 25일간 계속한다면 약 22만 엔이라는 돈이 허공으로 날아갑니다. 우리 같이 작은 규모의 회사는 그런 식으로 일을 하면 돈을 못 법니다.

그래서 저는 어슬렁거리는 시간이 발생하지 않도록

일의 정확한 순서를 항상 염두에 두고, 무엇보다도 먼저 업무 일정을 설명하고, 그 일이 끝나면 다음에는 일일이 일을 지시합니다. 파트타임 직원들도 할 일을 몰라서 어슬렁거리다가 사장에게 눈총이나 받기보다는, 그때그때 할 일이 순서대로 정해져 있는 것을 오히려 좋아합니다.

처음에는 이 순서를 생각하는 시간이 아깝더군요. 하지만 이 방법 저 방법 다 써보니 역시 이렇게 순서를 정하는 것이 가장 좋은 방법이더군요."

사장이 파트타임 직원과 같은 시간에 출근한다면, 일의 순서를 정할 시간이 없다. 가능하면 전날 밤 퇴근하기 전에 ⅰ, ⅱ, ⅲ 식으로 써서 책상 위에 붙여놓고 다음 날 업무 시작 30분 전이나 1시간 전쯤 회사에 나가 메모를 보면서 일의 순서를 재확인하고 바로 지시한다.

일의 순서를 정한다고는 해도 완벽한 게 아니다. 지시를 내린다고 해도 지시를 기다리면서 시간을 허비하는 일이 실제로는 생긴다. '어? 벌써 ○○엔을 손해 봤다!' 며 마음속으로 비명을 내지른다.

하지만 모순 같지만, 회사 내에 사람이 있는 것은 갑작스러운 업무에도 대응할 수 있다는 말이다. 낭비 같기만 하던 사람이 있음으로써 새로운 일을 수주받는 사례는 실제로 많다. 또한 게으름 피우는 시간이 있고서야 비로소 정신없이 일에 몰두하는 게 인간이다.

사람을 관찰할 때는 15분 또는 1시간 단위로 체크하라. 돈이 궁한 작은 회사에는 어렵고 가슴 아픈 일일지 모르겠으나, 사람이 부릴 때는 양면을 바라본다는 생각을 해라. 그래야 스트레스가 적고, 좋은 결과를 낳는다.

사람을 잘 활용하는 회사가 급성장한다.

—

고바야시 마사히로
일본의 컨설턴트

40

직원들의 '불만 가스'를 빼라

사장 전용 커뮤니티를 만들어라.

이메일을 통한 '일일 보고'를 소통의 도구로 삼아라

사장이 아무리 직원을 배려하고 좋은 대우를 해도 직원들은 불만을 가진다. 이 '불만 가스'에는 두 종류가 있다. 다음 단계로 넘어가기 위한 연료로서의 가스가 있는가 하면, 직원들의 마음속에 가라앉아 직원들을 썩게 만드는 가스가 있다.

직원을 썩게 만드는 가스는 때때로 사장이 빼주어야 한다. 이른바 가스 배출이다. 고인 물은 썩게 마련이다. 썩은 물은 버려야 새로운 물을 담을 수 있다. 직원들의 에너지원인 새로운 물은 사장의 조언과 배려다.

'불만 가스'를 어떻게 하면 빼낼 수 있을까. 구체적으로 두 가지 방법이 있다. 첫 번째는 사장과 직접 연결하는 '연락, 보고, 상담'망을 만든다. 사장이 직원과 항상 연락을 주고받기 때문에 효과적이다.

간부를 통한 보고에는 간부의 사견이 들어간다. 때론 분식회계*를 하듯이 교묘하게 조작한다. 자연히 아랫사람의 의견이 그대로 전달되지 않는다. 사장은 직원이 자신에게 직접 속마음을 털어놓는 방법을 찾아야 한다.

두 번째는 사장이 참석하지 않는 모임을 만든다. 직원들 입장에서 사장이 있으면 아무래도 속마음을 얘기하는 데 부담을 느낀다. 사장이 지켜보는 앞에서 하고 싶은 말을 다 하는 직원은 거의 없다.

사장이 "나는 모든 직원의 속마음을 알고 싶어요. 무엇이든 말해봐요"라고 말하는 것은 잘못된 처신이다. 그런 말을 한다고 해서 직원들이 자신의 속마음을 털어놓으리라는 생각은 대단한 착각이다.

언젠가 나는 직원들이 내게 무언가 하고 싶은 말이 있구나 싶어 회사의 전 여직원을 호텔 고급 레스토랑으로

* 회계상 이익을 실제 이상으로 계상하는 것

부른 적도 있다. 그런데 시간이 지나 어느 정도 분위기가 무르익어도 의견 다운 의견이 나오지 않자 결국은 내가 "특별히 하고 싶은 얘기 없어요?" 라고 물었다. 그런데도 아무도 입을 열지 않았다. 나는 그 자리에서 일어나 나와버렸다.

그로부터 2개월 후 유능한 여직원이 회사를 그만두었다. 역시 무언가 있었는데 끝내 말하지 않고 회사를 떠난 것이다. 물론 나는 그 이유를 미리 알아내는 데 실패했다. 사장에게 속마음을 말하는 직원은 거의 없다.

하지만 무언가 말하고 싶을 때가 있는 법이다. 이를 위해 우리 회사는 직원이 사장에게 그날그날의 보고서를 써서 올린다. 지금은 컴퓨터를 활용해 이메일로 '일일 보고'를 받는다. 직원 , 파트타임 직원, 아르바이트생 모두 사장에게 일일 보고를 하는 시스템을 만들었다.

일단 '일일 보고'를 받으면 내용 가운데 다른 사람들에게 알려야 할 필요가 있는 사항은 선별해서 '사내 정보'로 월요일 아침에 발표한다. 그러자 사내 여기저기서 다양한 반응이 쏟아졌다.

'저런 생각을 하는 사람도 있구나' '역시 그런 의도였는가' 등 각양각색의 의견이나 주장이 나왔다. 이 일은 사내의 커뮤니케이션 활성화에 많은 도움이 되었다. 이렇게 사내 뉴스, 다시 말해 정보를 공유하면 연대감과 팀워크가 강화되는 효과가 있다.

'일일 보고'를 통해 속마음을 전달하는 체계를 갖춘 회사는 있지만 '연락, 보고, 상담' 시스템이 있는 회사와 그렇지 않은 회사와의 차이는 확연하다.

성장하는 회사는 사내 커뮤니케이션에 도움을 주는 시스템을 만드는 데 노력한다. 하지만 여기에도 문제가 있다. 이런 시스템으로도 파악할 수 없는 직원들의 속마음은 어떻게 해야 할지 답이 나오지 않기 때문이다.

직원만의 합숙회의를 열어라

모든 회의에는 원칙적으로 사장이 참석하는 것이 좋다. 결정권자가 회의에 들어감으로써 회의 참석자는 즉석에서 결정권자의 의견을 들을 수 있다. 그러나 나는 사장이 참석하지 않는 회의를 시도해보라고 권한다. 그것도 합숙을 통해서.

한편으로는 사장인 내가 회의에 들어가 성심성의껏

이야기하고 싶다. 직접 이야기하면 직원과의 소통이 더 빠르다는 점도 안다. 하지만 사장이 참석하면 직원들은 하고 싶은 말이 있어도 제대로 얘기하지 못한다. 게다가 사장이 빠진 회의는 '불만 가스'를 빼는 작업의 일환이다. 동시에 '가스 폭발'을 유발할지도 모른다.

사장이 빠진 상태로 회의를 여는 것은 참으로 용기가 필요하다. 어지간한 용기와 결단이 아니고는 실행에 옮기기가 쉽지 않다.

전국적으로 4만여 명의 회원을 자랑하는 '중소기업가 동우회'에서도 사장이 참석하지 않는 '직원들만의 합숙'을 적극 권장한다. 간혹 어떤 사장은 합숙을 허락했지만 걱정이 되어서 회의장에 가본다고 한다. 그러고는 직원들의 속마음을 알아내고는 충격을 받는 사장도 있다고 한다.

사장과 직원의 생각에는 아주 큰 차이가 있다. 또 사장의 평가와 직원의 평가 사이에도 큰 틈새가 있다. 무엇보다도 사장에 대한 비판, 반감, 희망 사항, 요구가 넘쳐난다. 사장은 '나름대로 직원들을 만족시키기 위해 열심히 해왔는데' 혹은 '이미 알고 있고 시정하려고 생각했는데'라고 서운해한다.

사장뿐 아니라 직원들도 분발의 계기로 삼을 수 있다

잘나가던 회사가 직원만의 회의를 통해 하룻밤 만에 비틀거리는 일도 간혹 있다. 하지만 직원도 그때뿐이지 다시 원래의 모습으로 돌아온다. 일시적으로 자신이 느끼고 있던 문제를 쏟아냈을 뿐이지 당장 해결을 바라지 않는다.

다행스러운 점은 이런 단계를 거치면서 회사는 한 단계 더 발전한다는 것이다. 직원들 역시 토론을 하면서 자신들이 그동안 미처 느끼지 못했거나 마음은 있지만 실천에 옮기지 못한 일을 다시 한번 확인하고 분발하는 계기로 삼기 때문이다.

고통이 없는 기쁨은 아무런 가치가 없다.

의사소통의 가장 큰 문제점은 의사가
소통되었다고 착각하는 것이다.

—

조지 버나드 쇼
아일랜드의 작가

41

사장의 뜻을 효과적으로 전달하라

효과적인 3가지 전달 요령.

직원들은 원래 사장의 말을 액면 그대로 받아들이지 않는다

일반적으로 '사장의 생각'은 그대로 전해지지 않는다. 본래의 뜻이 조금은 왜곡되거나 각색된다. 이것은 달리 방법이 없다. 감정이 있는 인간이 전달 주체이기 때문에 어찌 보면 왜곡되는 것은 당연하다.

'어차피 사장은 자신에게 유리하거나 회사에서 일어나는 일 가운데 좋은 부분만 골라 이야기하겠지.'

직원들은 기본적으로 마음 한구석에서 이런 생각을 한다. 물론 그 생각도 일리는 있다. 어찌 보면 맞는 말이다. 지금까지 많은 사장이 그렇게 해왔다.

최근 들어 유명 회사 사장이 회사가 무너지자 사죄의 말을 공개적으로 하는 장면을 자주 볼 수 있다. 심지어는 눈물을 흘리고 연신 머리를 조아리며 기자 회견을 하는 경우도 있다.

"직원에겐 잘못이 없습니다. 경영진이 회사를 망쳤습니다. 모두 우리의 잘못입니다."

이 눈물의 기자 회견은 무엇을 의미하나. 결국 직원들이 알아야 할 문제를 경영진이 정직하게 알리지 않았다는 것이다.

직원들은 "사장은 어차피 우리 일반 직원들에게는 회사 사정을 알려주지 않는다. 회사와 사장에게 유리한 사항만 말할 거야"라며 사장 이야기를 아예 들으려 하지 않는다.

비단 사장 이야기뿐만 아니라 인간은 누구나 다른 사람의 이야기를 귀 기울여 듣지 않는다. 부부 사이조차 서로 상대방의 말을 흘려듣는 경우가 다반사다. 이런 일을 말한 당사자만이 느끼기 때문에 그 당시에는 모르다가 나중에 문제가 되는 경우도 많다.

차근차근 설명하고 설득하라

따라서 회사 안에서 어떤 사항을 전달할 때는 다음과 같은 요령이 필요하다.

- 사람은 자신에 대한 얘기가 아니면 다른 사람의 얘기를 잘 들으려 하지 않는다. 중간중간에 '상대방의 이름'을 부르면서 이야기하면 효과적이다.

- 같은 내용이라도 시간과 장소, 사례를 바꾸어서 세 번 이상 전달한다.

- 조직 내에서 발생하는 '왜곡되고 애매한 문제점' 하나하나를 당사자에게 확인한다. 검증되지 않은 얘기는 아무리 중요한 내용을 담고 있더라도 아무 쓸모 없다.

회사란 사장의 의욕으로 결정된다. 사장의 의욕을 직원들에게 전달해야 한다. 간부나 직원에 대한 설명이나 설득을 소홀히 해서는 안 된다. '어차피 알아듣지도 못할 텐데……'라며 직원에 대한 설명이나 설득을 게을리하는 데서부터 잘못을 시작한다.

"잘 모르는 직원에게 어떻게 설명할 것인가."

이것도 사장이 해야 할 일 중 하나다. 이 설명을 빼놓고 무조건 "나를 따르라"는 말만 가지고는 직원을 움직일 수 없다. 설득력 없는 '지시의 남발'은 직원을 무기력하게 만든다.

사람을 움직이려면 자신이 먼저 변화해야 한다. '자기 혁신'이 없는 사장이 경영하는 작은 회사는 크게 성공하지 못한다.

귀를 기울일 줄 알면 반은 성공한 것이다.

—

켈빈 쿨리지
미국의 제30대 대통령

42

직원을 요령 있게 칭찬하라

직원을 치켜세워라.

의욕을 불러일으키는 것이 진정한 칭찬이다

사람은 누구나 돋보이고 싶어 한다. 아울러 남에게 인정받기를 원한다. "당신은 조직에 많은 도움을 주는 사람입니다.""역시 다른 사람하고는 달라요"하고 치켜세워야 한다. 좀 무리가 따르더라도 점수는 후하게 주는 편이 좋다. 마음속으로는 50점 정도라고 생각하더라도 "정말 잘했어요. 70점짜리야"하고 말한다.

사람은 보통 제멋에 살아가는 까닭에 손에 넣을 수 있을 것 같으면 적극적으로 욕심을 낸다. 70점이라면 조금 더 해서 80점, 90점을 얻으려 더욱 노력한다. 하지만

50점이라고 거침없는 지적을 당하면 '어떻게 70점에도 미치지 못할까. 그만두자'고 생각해 아예 단념한다.

사내 파벌에 관심이 없던 사람도 자신이 혹시 중역의 자리에 앉을지 모르는 상황이 되면 주변 사람들 시선은 아랑곳하지 않고 사장에 대한 충성에 열을 올린다.

"먹잇감이 사정거리에 들어오면 사냥개는 갑자기 즐거워지는 법"이라는 말이 있다. 인간의 경쟁심 역시 크게 다르지 않다. 경쟁심을 의욕으로 연결하고, 마음 씀씀이를 넓게 만드는 일도 사장의 역할 가운데 하나다.

냉정하고 정확하게 평가하여 당사자의 의욕을 꺾을 것인가, 높은 가지에 있는 감을 따게 해서 즐겁게 만들 것인가.

무엇인가를 하려는 의욕을 일으키게 만드는 일, 이것이 진정한 의미의 칭찬이다.

큰 소리로 칭찬하고 작은 소리로 비난하라.

—

러시아 격언

43

복지제도를 잘 갖춰라

직원의 일체감을 배가하여 정착률을 높인다.

아무리 작은 회사라도 복리후생은 중요하다

작은 회사에 입사하는 사람은 복리 후생이 잘되어 있는가 등을 따지지 않는다.

작은 회사에 들어오는 데는 나름대로의 이유가 있다.

"이전에 다니던 회사에서 실패했다. 능력상 도저히 큰 회사에서 일할 수 없다. 규칙이나 관리가 매우 엄격해 일하기가 싫다."

대기업이나 우량 기업과 비교해 복지제도가 열악하다는 점은 그다지 신경 쓸 필요가 없다.

하지만 회사에 여력이 있다면 가능한 부분부터 하나

씩 정비해나가는 일도 중요하다. 기대하지도 않았는데 복리후생과 관련한 제도가 시행되면 기뻐하는 직원은 있어도 화를 내는 직원은 없다.

도시에서 일하는 젊은 직원이나 파트타임 근무자는 입지 조건(편리한가, 역에서 가까운가, 집에서 가까운가), 근무 환경, 업무 내용을 기준으로 직장을 선택하고 또 옮긴다.

작은 회사라고 해도 직원을 위해서 꼭 필요하다고 생각하는 것을 열거해보자.

복지제도에는 법정 복지제도와 법정 외 복지제도가 있다.

법정 복지제도는 종업원에 대한 복리후생이 법률로 정해져 있는 것으로 사회보험제도의 가입과 유급휴가의 지급 등도 포함된다.

법정 외 복지제도는 말하자면 "회사의 자유의사대로 하십시오. 단, 비용은 적정선에서 손비처리해드립니다"라는 의미다. 법정 외 복지제도로는, 직원 여행, 생일 모임, 신년회, 송년회, 장기 근속자 표창, 클럽 활동, 체육대회, 크리스마스 모임 등이 있다,

하지만 무조건 복지를 강요하는 것도 능사는 아니다.

기성세대와 사고방식이 많이 다른 신세대 직원 중에는 퇴근한 뒤까지 상사와 함께 하는 것을 싫어하는 사람도 있기 때문에 복지제도는 신중히 실시해야 한다.

보너스를 돈이 아닌 '휴가'로 주는 등 개선책도 필요하다

나는 아래와 같은 제도를 실시한다.

첫째 직원 여행을 실시한다. 과거에는 주주총회에 직원도 참석했다. 일반직원도 주주총회에 옵서버로 참석해 총회를 구경하고, 끝난 뒤에는 주주와 직원이 만나는 자리를 만들어 함께 시간을 보냈다. 하지만 실제로 주주와 일반직원의 의식이나 관심은 큰 차이를 보였고, 해를 거듭할수록 직원의 수도 증가해 도저히 이러한 방식을 지속할 수 없었다. 그래서 별도로 직원 여행을 실시했다. 지금은 직원도 기대감을 가지고 직원 여행에 참가하고 있다.

6월 결산 이전에는 도쿄 근교에서 1박하면서 회의를 개최한다. 생산과 영업을 점검하는 기회로 삼으며 전 직원이 참가한다. 12월 말에는 연말 기획 회의를 근교에서 일박하면서 실시한다. 역시 전 직원이 참가한다.

전체 직원 여행을 싫어하는 분위기가 생기면 즉각 그만둘 작정이지만, 지금까지는 일단 호평이고 매년 추억거리를 만들고 있어 앞으로도 계속할 생각이다.

둘째, 신년회 · 송년회도 실시한다. 근처의 커피숍을 전세 내든가 뷔페로 간다. 이 자리에는 직원의 가족은 물론 아르바이트생과 파트타임 직원도 함께한다.

셋째, 생일 모임인데, 정식 생일 모임을 여는 것은 아니다. 회의가 끝난 뒤에 한잔 하는 기회가 있으면 "자, C씨 생일도 겸해 한잔 합시다"라는 정도로 자리를 마련한다.

직원과 배우자의 생일은 휴가다. 몇 번이나 말했지만 직원은 보너스를 돈보다도 시간으로 주는 것을 좋아한다. 앞으로 돈으로 지급하는 보너스를 줄이고 '휴가'라는 보너스를 지급해도 좋겠다는 생각도 든다.

넷째, 연극 · 영화 감상, 벚꽃놀이 등이다. 해마다 두세 차례 연극 · 영화를 보고, 4월에는 벚꽃놀이를 간다. 물론 아르바이트생과 가족도 같이한다.

나는 낮에는 일하면서 야간 고등학교를 다녔다. 당시 일하던 회사에서 연극을 보여준 적이 있다. 연극을 보면서 어린 마음에도 하하 웃었던 기억이 지금까지도 뇌리에 선명하게 남아 있다. 내가 회사를 차리고 나서는 직원과 함께 연극을 보러 가는데 인기가 좋다. 작은 회사의 레크리에이션으로 계속 실시할 예정이다.

직원들과 공감대를 이룰 기회로 삼는다

이처럼 우리 회사에서는 여러 가지 행사와 오락을 실시한다. 한 달에 한 번 이상의 기회가 있다. 너무 자주 있어서 신선미가 떨어진다는 이야기도 있다. 전체에게 일체감을 심어준다든가 친목을 도모한다는 점에서는 나름대로 효과가 있지만, 우리 회사의 예는 조금 지나칠지도 모른다. 하지만 이러한 추억 만들기는 위에서 행하지 않으면 좀처럼 이루어지기 힘들다.

직원에게 맡겨두면 아무것도 하지 않든가, 한다 하더라도 삼삼오오 자기들끼리 실시함으로써 전체에게 "그때 온천에서 이런 일이 있었지?"라는 식의 공감대를 이룬 추억을 만들어줄 수 없다.

앞에서 서술했듯이 복지제도는 직원이 기쁘게 받아

들일 때만 가치 있는 행사가 된다. 따라서 언제나 직원의 취향을 가늠하여 경영자 측에서 "이렇게 해보자"고 선수를 치는 요령이 필요하다.

> 당신이 고용주로서 고용자들을 기쁘게
> 하지 않는다면, 그들이 고객들을 기쁘게 할
> 것이라고 기대하지 말라.
>
> ―
>
> 칼라 파오네사
> 미국의 여성 기업컨설턴트

44

상여금은 '현금'으로 지급하라

돈의 소중함을 인식시킨다.

상여금만은 현금으로 지급하라

임금 지급을 계좌이체로 하고 '상여금의 지급'도 같은 방법으로 한다.

은행과 세무서는 편리하다고 즐거워하지만, 그렇게 생각하지 않는 회사도 있다. 진학연구 세미나 시리즈의 대히트로 출판계의 거물이 된 후쿠다케 서점은 연간 매출액이 200억 엔을 넘고, 직원 수도 1,000명 규모이다.

이 회사는 현금으로 상여금을 지급한다.

임금은 계좌이체로 지급하지만 상여금만은 직접 현금을 봉투에 담아서 직원에게 지급한다. 당연히 은행은

'계좌이체'를 권유한다. 1,000명이 넘는 종업원의 상여금을 봉투에 일일이 담는 작업을 한다고 생각해보라. 이 작업 과정에 은행도 관여하기 때문에 은행으로서도 번거로운 일이다. 계좌이체와 현금 지급은 매달 엄청난 작업량의 차이를 보이기 때문에 "이제 상여금도 계좌이체로 하는 게 어떻습니까?"라는 요청은 당연하다.

은행에서는 매번 부탁하지만 후쿠다케서점의 사장은 그 요구를 일축한다.

"여러 가지 사정이 있어서 그렇게 할 수 없습니다. 하하하."

컴퓨터로 모든 일을 처리함에 따라, 지금은 직접 현금을 만지지 않고 여러 가지 대금 결제를 한다. 임금은 그렇다 치더라도 1년에 두 번 정도 지급하는 상여금은 "수고하셨습니다"라며 모든 직원에게 직접 현금을 전해줌으로써 점점 희박해져가는 돈의 중요성을 재삼 인식시키는 것이다. 여기에는 '돈을 만지면서 경영을 해나가자'는 경영자의 마음가짐과 자세가 숨어있다.

작은 회사도 상여금만은 '현금으로 지급'하라. 경리 담당자는 현금 지급을 귀찮아하지만, 회사로서는 얻는 것이 많다.

상여금 봉투에 간단한 메모나 편지를 적어 넣는 것도 좋다

후쿠다케 서점도 1엔의 우수리까지 현금으로 준비하는 것은 시간과 노력이 너무 들기 때문에, 1,000엔 이하의 우수리는 계좌이체로 하고 그 이상의 금액만 현금으로 지급한다. 현금 지급의 정신은 살리고 번거로움은 없애는 좋은 방법이라고 생각한다. 작은 회사의 상여금은 현금 지급이 좋다.

상여금 명세표에 사장이 직접 쓴 메시지를 함께 넣는 회사도 있다. 상여금 봉투 안에 격려의 말이나 감사의 마음을 담은 글을 적어 넣는 것은 아주 좋은 방법이다.

나도 직원에게 주는 상여금 봉투에 짧은 메모를 적어 넣는데 사장의 생각을 알 수 있어서 좋다는 평이다.

> **돈은 악이 아니며, 저주도 아니다.**
> **돈은 사람을 축복하는 것이다.**
> —
> 탈무드

45

송년회는 어떻게 하나

즐겁게 놀 수 있는 곳으로 가서 기분 좋게 한 턱 쏴라.

송년회는 가족 동반으로 왁자지껄하게 열자

매년 정해진 곳에서 송년회를 실시하는 회사도 있지만 우리 회사에서는 해마다 장소와 내용을 달리해서 실시한다.

젊은 직원들이 늘기 전에는 선술집 2층에서 조용히 먹고 마셨다. 차츰 젊은 직원이 늘어나자 돌아가면서 송년회 운영을 담당하도록 했다.

보통 커피숍, 호텔 뷔페, 술집에서 연다. 하지만 파트타임 직원이 중심일 때는 연극 관람을 했고 호텔에서 디스코 파티를 연 적도 있다. 직원들의 집 근처에 있는 조그마한 식당에서 조촐하게 연 적도 있다.

송년회 때는 한껏 기분을 내자. 빙고 게임, 제비뽑기 등의 게임을 함께하는 것도 한 가지 방법이지만, "가족을 동반하여 왁자지껄하게 놀아봅시다"라고 하면 크게 환영한다. 부인과 가족은 잠시나마 회사의 분위기를 접하고, 부인들끼리 대화도 나눌 수 있어 좋다. 생각지도 않은 어린이가 등장해 연회장을 주름잡는 경우도 생긴다. 돈은 잔뜩 들였는데 사람들이 조용히 먹기만 하고 가만히 앉아 있으면 얼마나 재미없을까.

몇 배의 효과를 볼 수 있으니 비용은 아끼지 마라

송년회의 비용은 상식적인 한도 내에서 지출하는 경우 복리 후생비로 처리된다. 상식적인 금액인지 아닌지는 사장인 당신이 판단해서 결정하라. 2차는 물론, 3차까지 경비(복리후생비)로 처리하면 회계에 곤란한 부분 있다.

접대비의 여유가 있으면 그쪽으로 돌려서 처리하라. 1차와 2차를 같은 호텔 안에서 자리만 바꾸어 계속하면 분위기는 바꾸면서도 영수증은 한 장으로 처리할 수 있는 방법도 있다고 한다. 하지만 이러한 방법은 '급여 과세'라든가 '접대비' 인정이라든가 하는 문제가 발생하기 쉬우므로 잘 생각해서 처리한다.

> 일한 대가로 얻은 휴식은 일한 사람만이
> 맛보는 쾌락이다.
>
> —
>
> 카를 힐티
> 스위스의 사상가

46

회식 때 업무 얘기를 꺼내지 마라

함께 피로를 푸는 데 만족하라.

일과 후 한잔 하는 것은 직원과 소통하는 방법이다

일이 끝난 뒤에 함께 한잔 하러 가서는 이런저런 이야
기도 나누면서, 인간관계를 원활히 하도록 한다.

"갈 수 있는 사람은 함께 가자."

나는 손님이 온다든지, 직원의 생일이라든지, 직원의
자녀가 대학에 합격했다든지, 아이를 낳았다든지 좋은
일이 생기면 함께 한잔 하러 간다. 무엇보다도 왁자지껄
하게 즐길 기회를 적극적으로 찾는다.

'업무'에 관한 이야기를 꺼내기 위해 만든 자리가 아
니다. 그저 좋은 분위기에서 즐거운 마음으로 기분 좋게

피로를 풀기 위해 가볍게 한잔 하는 자리라고 생각하자.

신세대 직원들은 함께 가자고 해도 싫어하는 사람이 있다. 그런 직원이 많아진 것은 사실이지만 대부분 직원들이 함께 참여하여 즐겁게 마시고 헤어지는 것이 좋다.

하지만 싫다는 사람을 억지로 데려간다면 무엇을 위한 위로이고, 기분전환인가. 따라서 싫다는 사람을 억지로 데려가서는 안 되겠지만, 작은 회사에서는 일을 마친 뒤에 함께 한잔 하는 것이 필요하다.

아직 월급을 조금밖에 받지 못하는 젊은 직원과 함께 할 때는 맛있는 요리집을 가거나 조금 비싼 곳으로 간다. 가능하면 직원과 일대일로는 만나지 않으려고 한다. 특히 상대가 여성인 경우 아내를 부른다든가 다른 여성을 데려간다.

이것은 내가 요청한 경우이고, 그쪽에서 요청한 경우에는 일대일이라도 상관없다. 뭔가를 상담하고 싶거나 묻고 싶은 것이 있어 부르는 것이기 때문이다. 직원이 10명이 넘어도 일부러 회식을 줄일 필요는 없다.

술자리에서도 아랫사람을 불편하게 한다면 최악이다

거래처에 인사 방문하는 것이 필요한 것처럼 직원에게도 그럴 필요가 있다. 용무가 없더라도 얼굴을 마주하면 의사소통이 쉽게 이루어진다. 자주 접촉하지 않고 대화도 부족하면 소통부재로 문제가 발생한다.

일이 끝난 뒤에 함께 한잔 하는 것은 직원과 소통하는 한 가지 방법이다. 따로 술자리를 갖지 않아도 대화의 기회는 있겠지만, 한 자리에서 어깨를 나란히 하고 식사를 한다는가 술을 마시면 마음이 통하게 된다.

하지만 작은 회사에서 사장은 권력자다. 아랫사람이라면 누구나 권력자와 함께 술을 마시는 걸 불편해하기 마련이다 이러한 점을 잘 배려해서 행동해야 한다.

> **노동 뒤의 휴식이야말로 가장 편안하고
> 순수한 기쁨이다.**
>
> —
>
> 임마누엘 칸트
> 독일의 철학자

47

능숙하게 해고하는 법

당신도 사람이고 상대방도 사람이다.
정중하게 대우하되 주장은 관철하라.

직원 모집도 어렵지만, 작은 회사에서 더욱 어려운 일
은 직원을 해고하는 일이다.

거래처에서 거듭 문제를 제기하면 주의하라!

우리 회사는 예전에 타사 컴퓨터 전표를 발행, 관리하
는 일을 했다. 오퍼레이터는 서른두 살인 미혼 여성이었
는데, 업무가 끝나는 5시만 되면 일이 남아 있든 없든 어
김없이 퇴근했다. 남은 일은 "잘 부탁합니다"라는 식으
로 다른 사람에게 떠넘겼다. 어렴풋이 알고는 있었지만

오후 6시부터 직장 근처에 또 한곳의 근무처를 가지고 있었던 것 같았다. 그래도 아침에 지각하는 일은 거의 없었으며, 근무 시간 동안에는 진지하게 일에 몰두했다.

그런데 오후 4시만 지나면 거래처에서 걸려오는 문의 전화나 일을 의뢰하기 위한 방문에 대해 무뚝뚝하게 대답하기 일쑤였다.

"죄송합니다. 나중에 전화주세요."

"지금은 곤란합니다" 이렇게 대답을 한다. 당연히 거래처도 점점 거래를 꺼리게 되었다.

이로 인한 불만이 사장인 내게까지 올라왔다.

"당신의 임금은 거래처에서 지급하는 것입니다. 일을 외주로 돌리는 것은 내부에서 처리가 곤란하기 때문이고요. 거래처의 일이 일단락 지어진 뒤에 우리에게 문의할 사항이 발생하기 때문에 당연히 오후 5~7시경에 연락하는 경우가 많지 않겠습니까. 그런데 시간이 조금 늦었다고 해서 거래처에 '곤란합니다'라는 식으로 말해서야 되겠어요. 일을 잘라버리는 행위입니다."

얼마간의 기간을 두고 세 번이나 주의를 주었다. 이야기를 할 때는 그녀도 잘 알겠다고 했지만 거래처를 대하는 태도는 변함이 없었다. 더욱 커다란 문제는 퇴근 직전의 일 처리였다. 급히 서둘러 업무를 처리하느라 여기저기 실수 연발이었다.

그녀를 그만두게 하고 출하 업무를 맡고 있던 여직원에게 그 일을 맡겼다. 지금은 그 여직원이 더 열심히 일하고 있다.

분쟁의 소지는 미리 제거하라

나는 해고당한 당사자에게는 물론 새로 온 직원에게도 '왜 전에 일하던 직원을 그만두게 했는가'를 분명히 설명했다. 문제점이 무엇인지 인식시키고 전임자처럼 일하지 않도록 주의를 주기 위해서였다. 새로운 직원은 자질과 성격이 좋아 일을 솜씨 있게 처리했다. 거래처로부터의 문제 제기는 거짓말처럼 사라졌다.

입사한 뒤 문제를 일으켜 옥신각신하기보다는 입사할 때 엄격하게 조건과 요구사항을 일러주는 일도 중요하다. 그것 때문에 입사하지 않겠다고 하면 처음부터 인연이 아니라고 생각하고 포기한다.

'찾아온 사람은 모두 채용하라'는 앞의 말과 모순된

이야기 같지만, 퇴직직원과 후임으로 들어오는 사람의 경우에는 '무엇 때문에 전임자가 그만두었는지 또는 해고 되었는지' 전후사정을 되도록 상세히 설명해야 한다.

사장과 크게 의견이 다른 사람은 내보낸다

작은 회사는 사장이 전부다. 사장이 어떻게 하느냐에 따라 직원의 행복도 크게 달라진다. 그만큼 사장의 책임은 중요하다. 작은 회사는 당신의 회사다.

'당신의 회사'에 커다란 목소리로 당신과 다른 의견을 강하게 주장하는 사람이 있다면 가차 없이 그만두게 한다. "딴 곳에 가서 당신이 좋아하는 일을 찾으시오. 당신이 직접 회사를 만들어보시오. 너무 강하게 자기주장을 펴는 것은 좋지 않소"라고 자신 있게 이야기한다.

물론 사장이 사리사욕에 눈이 멀어 자기 마음대로 하는 회사라면 직원들은 지체 없이 떠난다. 그리고 직원들이 연이어 그만둔다면, 틀림없이 당신이나 당신 회사에 뭔가 커다란 문제점이 있는 것이다.

그러나 간혹 그만두고 나가는 사람이 있지만 대부분

의 직원이 열심히 일한다면 당신의 사고방식이나 행동이 지지를 얻고 있다고 생각해도 좋다.

대부분의 사람이 커다란 불만 없이 일하는데도 당신에게 자기 의견을 강하게 주장하는 사람이 있다면 그가 설사 2인자라고 하더라도 잘라야 한다.

내가 경영하는 한 회사에서는 우리 부부가 중매까지 섰던 직원을 그만두게 한 적이 있다.

이 직원은 상당히 능력이 뛰어난 청년이었다. 성격도 좋아서 동료나 선후배 사이에 인기가 좋았다. 동향의 오퍼레이터와 사내 결혼을 했고 내가 중매를 섰다는 이유도 있어 나는 이 청년을 그 회사의 후계자로 삼았다. 하지만 너무 기대가 컸던 것일까? 그는 다음과 같은 일을 계기로 그만두었다.

거래처에 보내줘야 할 화물이 발송되었는지 거래처에서 문의 전화가 걸려왔다. 내가 현장책임자인 그에게 물어보았더니 "오늘 막 실어 보냈습니다"라고 대답했다. 그래서 나는 그대로 거래처에 알려주었다. 그런데 사실은 보내야 할 화물이 아직 회사에 있었다.

"거래처에서 문의가 와 사장인 내가 직접 '알겠습니다, 조사해보고 즉시 알려드리겠습니다'라고 대답한 뒤,

당신에게 확인하여 '오늘 트럭 편으로 보냈습니다. 조금만 기다려주십시오'라고 알려주었는데 보내야 할 화물이 아직 여기 있잖소. 그러면 나는 중요한 거래처에 거짓말을 해버린 꼴 아니오. 그쪽에서는 내 연락을 받고 퇴근도 안 한 채 화물이 도착하기를 기다리고 있을 텐데, 얼마나 신용이 실추되는 것이오."

사람을 질타해본 적이 없는 나는 화가 치밀어 옥신각신하다가 나중에는 험한 말이 오갔고, 급기야 "그만둬!"라고 소리치고 말았다. 작은 회사에서는 좀처럼 보기 힘든 인재였지만 그날 당장 그만두도록 했다. 그때 해고당한 그와 친구처럼 지내던 직원이 있는데, 그는 아직도 우리 회사에 다닌다. 나는 그에게 해고의 이유를 설명했다. "그만두라고 했지만 인간적으로 그가 싫지 않소. 다만 사장이자 자기의 중매인인 나에게 욕을 하는 사람은 싫소. 그와 같이 회사를 그만두고 싶으면 말리지 않을 테니까 잘 생각해서 대답해주시오."

그만둘지 아닐지는 반반이라고 생각했는데 그는 남았고, 지금도 회사의 2인자로 있다. 그리고 그만둔 친구와도 여전히 연락을 취하고 있다. 그 소동의 영향을 받아 회사를 나간 직원은 없었다. 그 일이 있고 나서 제법 규모가 큰 일거리가 들어와서 일을 잘 소화해낼 수 있을까 내심 걱정했지만, 전원이 더욱 결속하여 깔끔하게 처리했다. 결과적으로는 단호한 조치를 취하기를 잘한 셈이다.

능력은 있지만 호흡이 맞지 않는 직원은 독립시켜라

또 하나의 실패담을 말할까 한다. 이번에는 실질적인 2인자였던 36세 중견직원을 독립시킨 경우다.

그 직원의 경우 일 처리를 잘했지만 자기 나름의 사고의 틀을 가지고 있어 그 틀을 벗어나는 업무는 거래처로 돌려보내는 경우가 종종 있었다. 급기야, 두세 군데의 거래처에서 "좀 더 융통성 있게 일을 처리해도 되지 않겠습니까?"라고 문제 삼게 되었다.

직원의 사고방식과 행동이 사장과 똑같지는 않지만 사장의 눈으로 보면 직원의 일 처리 능력이 항상 부족해 보인다. 그의 일 처리 방식에 대해 수긍은 하지만 거래처에서 들어오는 클레임을 방치할 수는 없었다. 그리고 나와 성격도 맞지 않았다.

몇 번인가 그와 얘기를 나누면서 독립을 하라고 권유했다. 거래처의 일부를 넘겨줌과 동시에 운송 대행 업무의 일부를 위임했다. 그는 내 말을 따랐고, 지금도 매일 우리 회사를 출입한다.

솔직히 말해 그가 떠난 뒤 회사 일도 잘 돌아가고, 그도 독립하여 자기 뜻대로 자신의 회사를 운영할 수 있게되었다. 그 덕분에 오히려 나의 사고방식과 행동을 더잘 이해할 수 있게 된 것도 수확 중의 하나다. 독립시키기를 정말로 잘했다.

이와 같이 사장과 성격이 맞지 않는 사람은 조직 밖으로 내보내 서로 협력하도록 하는 것이 바람직하다.

한번 그만두겠다고 말한 사람은 반드시 그만둔다.
붙잡지마라

사장이 아무리 잘해줘도 작은 회사의 직원 대우는 모든 면에서 대기업이나 우량 기업보다는 열악하다. 따라서 다른 회사로 눈을 돌린 직원은 어떤 이유를 달아서든 '그만두겠다'는 말을 한다. 안타깝게도 기대가 큰 직원

일수록 그런 말을 자주 한다.

"무엇 때문에?"

"뭐, 부족한 것이 있는가?"

그만두겠다는 말을 들으면 사장으로서는 일단 달래서 데리고 있으려 한다. 열심히 설득한 덕분에 사표를 거두어들이는 경우도 있다.

하지만 나의 경험에 따르면 열 사람 중에 아홉 사람은 일단 한 번 그만두겠다고 말하면 결국 그만둔다. 인연이 닿지 않는다고 생각하고 빨리 다른 대책을 세우는 게 좋다.

그만두겠다는 말을 할 때까지 기다리는 것도 한 가지 방법이다. 섣부르게 강행하지 마라

'이 사람은 한 번 기대해볼 수 있겠다.'

이렇게 생각하고 붙잡은 사람이 의외로 능력이 없는 경우가 있다.

직원도 자신이 능력이 없다는 것을 언젠가는 인식한다. 이런 경우 한두 번 부서(그런 정도까지의 조직이 없다면 담당 업무) 이동을 해본다. 바뀐 자리에서 자신의 역량을 발휘하는 경우도 있기 때문이다. 그러나 부서를 바꾸어도 별 효과가 없는 경우도 있다.

이 경우, 그런 사람을 입사시킨 것 자체가 잘못이다. 작은 회사로서 일단 찾아온 사람을 내치기 쉽지 않아 잘못된 판단을 내릴 경우도 있지만, 그렇다고 안달할 것까지는 없다.

가만히 두고보면 결국에는 "그만두겠습니다"라며 사직을 한다. 당사자도 고통스러워하고 있는 것이다. 이럴 때는 가령 '자기 문제로 인한 퇴직'을 '회사 사정으로 퇴직'하는 것으로 해주든가, 퇴직금을 좀더 많이 지급해 준다든가 하는 식의 배려가 필요하다.

사정이 있어서 회사를 그만두는 직원을 어떻게 처리하는가를 남은 직원들은 숨죽이고 바라본다는 점을 잊어서는 안 된다. 냉대하지 말라. 그러면 남아 있는 직원도 적극적으로 일할 마음이 생기지 않는다. 따라서 그만두고 나가는 직원의 퇴직 수당은 남아 있는 직원의 수당 지급과 같은 효과를 가진다. 인색해서는 안 된다. 송별회도 반드시 열어주라.

단, 이것만은 명심하자, 직원들은 그만둬도 갈 곳이

있다. 하지만 작은 회사의 오너인 당신은 회사가 잘못되면 갈 곳이 없다.

퇴직금이나 송별회는 본인이 생각하는 것보다는 풍성하게 배려하라

회사를 나가는 직원은 스스로 어딘가 문제가 있어 그렇게 된 거라 생각해 마음이 무겁다. 그래서 나는 해고를 했든 사직을 했든 반드시 퇴직금을 지급한다. 그것도 본인이 예상하고 있는 금액보다 많이 준다.

통상적으로 해고할 때는 1개월 전에 예고하든가, 1개월치의 임금을 지급하고 당일 그만두게 한다.

가령 6개월 정도 일하고 그만둔 경우에도 퇴직금을 지급한다. 내가 먼저 그만두라고 한 경우에는 통상의 두 배를 지급하는 등, 당사자가 놀랄 만큼 퇴직금을 지급한다.

몇 번이나 말하지만 뭐가 좋아서 작은 회사에 입사했겠는가. 나름대로 소신을 가지고 입사했던 것이다. 빚을 내서라도 퇴직금은 많이 지급해야 한다. 실제로 은행에서 대출을 받아 퇴직금을 지급한 적도 있다.

그만두겠다고 마음먹은 사람은 곧바로 내보내라

회사에서는 어느 직원이라도 나름의 역할이 있다. 따라서 인수인계를 해달라고 부탁하고 싶다. 그러나 이 인수인계 기간이 문제다. 가능하면 인수인계조차도 없애든가, 부득이할 때는 최단시간으로 잡아야 한다.

회사는 전진하는 집단이다. 회사는 투쟁하는 집단이다. 싸울 의욕이 없는 사람을 같은 집단 내에 두면 위험을 자초하여 손해를 본다.

인사 문제는 내 실패 경험에서 나온 이야기다. 이런 사태가 빈번하게 발생하는 것도 작은 회사의 현실이다. 그만큼 다른 사람에게 일을 시킨다는 것은 어렵다. 직원 한 사람 한 사람을 소중한 보물처럼 생각해야 한다.

> 나는 유능한 직원을 미리 가려낼 능력은 전혀 없었다. 그러나 평범하고 무능한 직원을 제거하는 방법은 알고 있었다.
>
> ―
>
> 라모나 E. F. 아넷.
> 라모나 엔터프라이즈 회장

사람을 키운다 1

1 사장부터 의식을 바꾼다

☐ 사장이 변하지 않으면 직원이 변할 리 없다.
아이들은 부모의 뒷모습을 보고, 직원은 사장의
뒷모습을 본다. 직원은 자신감 있는 사장과 함께
일하고 싶어 한다.

2 직원이 따르는 사장이 되려면 자신감이 필수적이다

☐ 어떤 일이 있더라도 달성할 수 있다는 강한
자신감을 갖는다.

☐ 강한 자신감을 갖기 위해서 생활을 바꿔보자.

☐ 어렵더라도 결심을 바꿔서는 안 된다.

☐ 일주일에 한 번은 혼자가 되어 자신을 천천히
돌아본다.

☐ 우유부단함을 마음속에서 걷어내라.

☐ 자신의 주변 환경을 변화시켜라.

☐ 솔선수범하라.

3 인생관, 세계관, 사업 철학을 갈고닦아라

□ 사람으로 태어났기 때문에 – 행복하고 싶다.

□ 인간의 행복이란 – 자신과 가족의 의식주에 충실하라.

□ 회사란 – 이익을 창출하여 직원에게 급여를 지불하고 가족을 부양하는 곳

□ 경영이란 – 회사의 존속과 발전.

□ 일이란 – 최소의 투자로 최대의 생산을 올리는 일.

□ 사장이란 –크진 않지만 한 집단의 신이다. 신자를 늘려라.

사람을 키운다 2

1 사내에 좋은 인재가 없다면 사장 책임이다

☐ 가까이 있는 사람에게 잘하면 멀리에서 사람이 찾아온다.

☐ 팀워크가 좋다는 것은 그 집단 구성원의 운이 좋은 것이다.

2 직원은 일을 통해서 키운다

☐ 사람은 일을 하면서 성장한다.

☐ 실기 80퍼센트, 이론 20퍼센트.

☐ 칭찬 80퍼센트, 질책 20퍼센트.

☐ 인재를 키우는 직장을 만든다.

☐ 생각하면서 일하게 하라.

☐ 잘할 수 있는 일을 맡기고 자신감을 갖게 한다.

3 전원이 경영에 참여하는 조직을 만든다

☐ 사장의 방침을 직접 써서 직원에게 알린다.

☐ 회사의 문제점, 개선점을 전원이 분석하고 개선해 나간다.

☐ 정보는 공개를 원칙으로 한다. 단, 불필요한 부분까지 공개할 필요는 없다.

4 직원 한 명에게 직속상관 한 명을 붙인다

☐ 상사의 일을 보게 한다

☐ 개별, 중점, 집중, 철저한 지도를 한다.

☐ 자신의 상관이 누구인지 확실하게 알려준다.

☐ 인간은 자신을 인정해주는 사람을 믿는다.

5 직장의 분위기를 활기차게 한다.

☐ 재미있게 일할 수 있게 한다.(경쟁, 실적, 생산량 중간 발표)

☐ 결과를 곧바로 볼 수 있게 한다.

☐ 공통적인 생각을 가질 수 있는 이벤트를 연다.

☐ 불합리한 부분은 자연스럽게 제거한다.

☐ 교양을 쌓을 수 있는 연구회 등을 만든다.

6 직원은 소수정예로 생산성을 높여라

☐ 일당백의 킬러 직원을 양성하라.

☐ 작지만 강한 조직 만들기에 전념하라.

☐ 돈은 사람이 번다.

직원을 인간적으로 대한다

1 직원의 희망은 급여와 휴일이 많은 것이다

□ 직원들이 모임에서 한 이야기는 어차피 소문으로
   금방 퍼진다.

□ 본인 생일, 부인 생일, 결혼기념일에는 휴가를
   준다.

□ 연간 휴가 캘린더를 지급한다.

2 직원에게 감정을 드러내지 마라

□ 직원은 사장의 속마음을 이내 알아차린다.

3 차별화를 통해 회사를 돋보이게 한다

□ 베스트셀러를 구입해 돌려 본다.

□ 화장실을 최고급으로 꾸민다.

□ 회사 주변이나 계단을 꽃으로 장식한다.

□ 전화를 받을 때는 "예, ○○○부
   ○○○입니다"라고 상냥하게 응대한다.

4 돈을 벌면 회사에 여유 자금을 쌓아둔다

☐ 여유 자금이 많으면 회사는 여러 가지 일을 할 수
있다.

☐ 직원 여행을 자주 보내라.

5 직원에게 좋은 근무 조건이 무엇인지 늘 생각하라

☐ 아침에 눈을 뜰 때부터 항상 회사를 어떻게
발전시킬지 궁리한다.

간부에게는 '간부의 일'을 가르친다

1 능력 있는 간부일수록 돈을 벌어들이는 최전선에 배치한다

2 부서별 목표치를 각 담당자가 책임지고 달성하게 한다

3 간부의 일을 부하 직원에게 할당한다. 확실한 수치를 알려준다

☐ 점포별 독립 채산성

☐ 각 영업부서의 독립 채산성

☐ 부서별 독립 채산성

4 이치만 따지는 사람을 방치하지 마라

경영은 사람이다

경영은 '사람, 상품, 돈, 정보'라는 경영 자원의 질을 높여가는 작업이다.

이 책에서는 특히 사람에 대해 집중적으로 다루었다. 사람은 다른 경영 자원과 달리 살아 있으며 감정을 갖고 있다.

어제 컨디션이 좋았던 사람이 오늘은 힘들어하는 경우가 있다. 또 어제는 웃던 사람이 오늘은 화가 나 있는 경우도 적지 않다. 다시 말해 변화무쌍한 것이 사람이다.

경영은 사람을 어떻게 운용하느냐에 따라 좌우된다. 잘 활용하면 좋은 성과를 내지만 그렇지 못하면 회사를 망친다. 따라서 사장 자신과 직원을 하나로 묶고, 기를 살리는 노하우를 배우는 것이 사장학이다.

사람 이외의 경영 자원, 다시 말해 '상품, 돈, 정보'의 관리는 사장 이외의 전문가에게 맡겨도 된다. 하지만 사람을 쓰는 것은 다른 사람에게 맡길 수 없다. 사장이 직원들에게 눈을 떼는 순간부터 경영은 붕괴의 길을 걷는다.

회사는 언제 무너질지 모르는 존재다. 주변 여건이 하루가 다르게 변하기 때문이다. 이런 상황에서 믿을 수 있는 것은 오직 사람뿐이다. 사람이야말로 경영의 기본 요소다.

사람을 쓰는 데 정답은 없다. 아무리 좋은 대우를 해줘도 떠날 사람은 떠난다. 그들 나름대로 생각이 있기 때문이다. 그렇다고 실망할 필요는 없다. 남은 사람들이 일을 잘하면 된다.

나는 직장 생활을 하다 독립했다. 영업도 잘하지 못한다. 사람을 쓰는 데도 미숙하다. 하지만 무엇이든 배우러 열심히 뛰어다닌다. 각종 경영세미나에도 열심히 참석한다.

경영에 많은 도움을 준 스승도 많다. 그들의 가르침과 귀중한 한 마디 한 마디는 나의 혈관을 흐르고 있다.

요즘의 환경은 경영하기에 아주 나쁘다. 나아질 조짐이 좀처럼 보이지 않는다. 어려운 상황의 연속이다. 하지만 역으로 말하면 의욕 있는 회사에게는 한 단계 도약하는 기회가 될 수도 있다.

'지금은 기회의 시기'라는 마음가짐으로 전력을 집중해 도전해보지 않겠는가. 이 책이 조금이나마 당신에게 용기를 주고 경영을 하는 데 도움이 되었으면 하는 바람이다. 부디 분투하길 바란다.

옮긴이 **김상헌**

1965년 충남 당진에서 태어나 고려대학교 일어일문학과를 졸업하고 경제잡지 '한경비즈니스'에서 기자와 편집장으로 일했다. 지은 책으로 『대한민국 강남특별시』, 『귀족마케팅』, 『소기업 사장학』 등이 있다.

SHIN · SHAIN · PARTSAN 11 NIN MADENO CHIISANA KAISHA NO SHACHOGYO
Copyright ⓒ SEICHI ISHINO 1998

Originally published in Japan in 1998 by ASUKA PUBLISHING INC.
Korean translation rights arranged through TOHAN CORPORATION, TOKYO.
And BC AGENCY., SEOUL

10인 이하
회사를
경영하는 법

작은 회사의 경영노하우는 따로 있다

개정판 1쇄 발행   2020년 4월 30일
개정판 6쇄 발행   2024년 8월 5일

지은이   이시노 세이이치
옮긴이   김상헌
펴낸이   최용범

편집   박호진, 윤소진
디자인   김태호
관리   강은선

펴낸곳   **페이퍼로드**
              paperroad
출판등록   제2024-000031호(2002년 8월 7일)
주소   서울시 관 악구 보 라매로5가길 7 1309호
이메일   book@paperroad.net
페이스북   www.facebook.com/paperroadbook
전화   (02)326-0328
팩스   (02)335-0334
ISBN   979-11-90475-12-9(03320)